The *Big* Acoustic Guitar Chord Songbook Gold

Wise Publications
London/New York/Sydney/Paris/Copenhagen/Madrid/Tokyo

Exclusive distributors:
Music Sales Limited
8/9 Frith Street,
London W1D 3JB, England.
Music Sales Pty Limited
120 Rothschild Avenue
Rosebery, NSW 2018,
Australia.

ISBN 0-7119-8536-7
This book © Copyright 2001 by Wise Publications

Compiled by Nick Crispin
New music arrangements by Rob Smith and Matt Cowe
New music processed by The Pitts
Cover and book design by Chloë Alexander

Printed in the United Kingdom by
Caligraving Limited, Thetford, Norfolk.

Your Guarantee of Quality
As publishers, we strive to produce every book to the highest commercial
standards. The book has been carefully designed to minimise awkward page
turns and to make playing from it a real pleasure. Particular care has been given
to specifying acid-free, neutral-sized paper made from pulps which have not
been elemental chlorine bleached. This pulp is from farmed sustainable forests
and was produced with special regard for the environment. Throughout, the
printing and binding have been planned to ensure a sturdy, attractive
publication which should give years of enjoyment. If your copy fails to meet
our high standards, please inform us and we will gladly replace it.

Music Sales' complete catalogue describes thousands of titles and is available in
full colour sections by subject, direct from Music Sales Limited. Please state
your areas of interest and send a cheque/postal order for £1.50 for postage to:
Music Sales Limited, Newmarket Road, Bury St. Edmunds, Suffolk IP33 3YB.

www.musicsales.com

Relative Tuning

The guitar can be tuned with the aid of pitch pipes or dedicated electronic guitar tuners which are available through your local music dealer. If you do not have a tuning device, you can use relative tuning. Estimate the pitch of the 6th string as near as possible to E or at least a comfortable pitch (not too high, as you might break other strings in tuning up). Then, while checking the various positions on the diagram, place a finger from your left hand on the:

5th fret of the E or 6th string and **tune the open A** (or 5th string) to the note Ⓐ

5th fret of the A or 5th string and **tune the open D** (or 4th string) to the note Ⓓ

5th fret of the D or 4th string and **tune the open G** (or 3rd string) to the note Ⓖ

4th fret of the G or 3rd string and **tune the open B** (or 2nd string) to the note Ⓑ

5th fret of the B or 2nd string and **tune the open E** (or 1st string) to the note Ⓔ

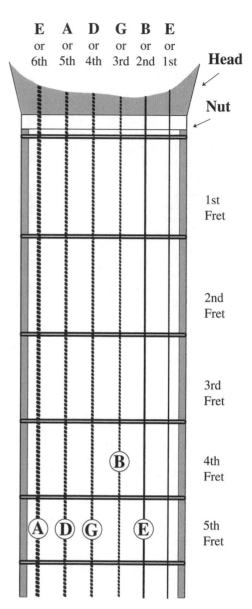

Reading Chord Boxes

Chord boxes are diagrams of the guitar neck viewed head upwards, face on as illustrated. The top horizontal line is the nut, unless a higher fret number is indicated, the others are the frets.

The vertical lines are the strings, starting from E (or 6th) on the left to E (or 1st) on the right.

The black dots indicate where to place your fingers.

Strings marked with an O are played open, not fretted.
Strings marked with an X should not be played.

The curved bracket indicates a 'barre' – hold down the strings under the bracket with your first finger, using your other fingers to fret the remaining notes.

Angie

Words & Music by Mick Jagger & Keith Richards

Am   Am7   E7   E7/G#   Gsus4   Fsus4

F   Csus4   C   Gsus4/B   G   Dm   Fsus2

Intro
| Am Am7 Am | E7 E7/G# | Gsus4 Fsus4 F | F Csus4 C Gsus4/B ||

Verse 1

Am   E7
Angie,   Angie,

G Gsus4   G   Fsus4 F   C Csus4 C Gsus4/B
When will those clouds all disappear?_____

Am   E7
Angie,   Angie,

G Gsus4   G Fsus4 F   Csus4 C
Where will it lead   us from here?___

Chorus 1

                    G
With no lovin' in our souls

            Dm   Am
And no money in our coats,

C   F   G
You can't say we're satisfied.

Am   E7
Angie,   Angie,

G Gsus4 G   Fsus4 F Fsus2 F Csus4 C Csus2 C Gsus4/B
You can't say   we nev - er tried._____

Verse 2

Am   E7
Angie, you're beautiful, yeah,

G Gsus4 G   Gsus4 Fsus4 F Fsus2 F   Csus4 C Csus2 C Gsus4/B
But ain't it   time we said   goodbye?_____

Am   E7
Angie,   I still love you,

G Gsus4   G Fsus4 F   Fsus2 F Csus4 C Csus2 C
Remember all   those nights we cried._____

Chorus 2
                             G
All the dreams we held so close
                  Dm   **Am**
Seemed to all go up in smoke.
C   **F**   **G**
  Let me whisper in your ear,
Am   **E7**
"Angie, Angie,
G Gsus4   **G Fsus4 F Fsus2 F**   **Csus4 C Csus2 C Gsus4/B**
  Where will it lead   us_____ from here?"_____

Instrumental | **Am** | **E7** | **Gsus4 G Gsus4 G Fsus4 F Fsus2 F** |

| **Csus4 C Csus2 C Gsus4/B** | **Am** | **E7** |

| **Gsus4 G Fsus4 F** | **Csus4 C Csus2 C Gsus4/B** ‖

Chorus 3
                  G
Oh, Angie don't you weep,
                Dm   **Am**
All your kisses, they'll taste sweet,
C   **F**   **G**
  I hate that sadness in your eyes.
        Am   **E7**
But Angie, Angie,
G Gsus4 G Fsus4 F Fsus2 F   **Csus4 C Csus2 C Gsus4/B**
  Ain't it time   we said   goodbye?_____

Instrumental | **Am** | **E7** | **G Gsus4 G Fsus4 F Fsus2 F** |

| **Csus4 C Csus2 C** ‖

Chorus 4
                G
With no lovin' in our souls
              Dm   **Am**
And no money in our coats,
C   **F**   **G**
  You can't say we're satisfied.

Middle

Dm   Am
But Angie, I still love you baby,

Dm   Am
  Everywhere I look I see your eyes.

Dm   Am
  There ain't a woman that comes close to you,

C   F   G
  Come on baby dry your eyes.

Verse 3

Am   E7
Angie,   Angie,

G Gsus 4 G Fsus4 F Fsus2 F Csus4 C Csus2 C Gsus4/B
  Ain't it good to be   a - live?_____

Am   E7
  Angie, Angie,

G Gsus4 G Fsus4 F Fsus2 F Csus4 C Csus2 C
  They can't say   we ne - ver tried._____

Alone Again Or

Words & Music by Brian MacLean

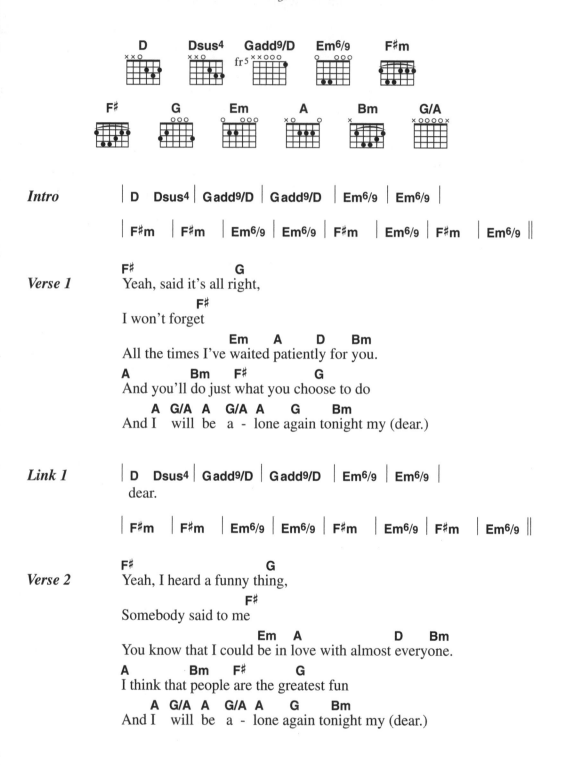

Intro

| D Dsus4 | Gadd9/D | Gadd9/D | Em6/9 | Em6/9 |

| F#m | F#m | Em6/9 | Em6/9 | F#m | Em6/9 | F#m | Em6/9 ||

Verse 1

F#   G
Yeah, said it's all right,

        F#
I won't forget

                 Em A   D Bm
All the times I've waited patiently for you.

A   Bm F#   G
And you'll do just what you choose to do

    A G/A A G/A A   G   Bm
And I will be a - lone again tonight my (dear.)

Link 1

| D Dsus4 | Gadd9/D | Gadd9/D | Em6/9 | Em6/9 |
dear.

| F#m | F#m | Em6/9 | Em6/9 | F#m | Em6/9 | F#m | Em6/9 ||

Verse 2

F#   G
Yeah, I heard a funny thing,

            F#
Somebody said to me

                 Em A   D Bm
You know that I could be in love with almost everyone.

A   Bm F#   G
I think that people are the greatest fun

    A G/A A G/A A   G   Bm
And I will be a - lone again tonight my (dear.)

Link 2 | D Dsus4 | Gadd9/D | Gadd9/D | Em6/9 | Em6/9 |
dear.

| F#m | F#m | Em6/9 | Em6/9 | F#m | Em6/9 | F#m | Em6/9 ‖

Instrumental | F# | F# | G | G | F# | F# | Em | A |

| D | Bm | A | Bm | F# | G | G |

| A G/A A | A G/A A G/A | G Bm D ‖

Link 3 | D Dsus4 | Gadd9/D | Gadd9/D | Em6/9 | Em6/9 |

| F#m | F#m | Em6/9 | Em6/9 | F#m | Em6/9 | F#m | Em6/9 ‖

Verse 3

F#   G
Yeah, I heard a funny thing,
                  F#
Somebody said to me
                         Em   A   D   Bm
You know that I could be in love with almost everyone.
A   Bm   F#   G
I think that people are the greatest fun
   A G/A A G/A A   G   Bm
And I   will be a - lone again tonight my (dear.)

Outro | D | Gadd9/D | Gadd9/D |
dear.

| Em6/9 | Em6/9 | Em6/9 | Em6/9 | Em6/9 ‖

America

Words & Music by Paul Simon

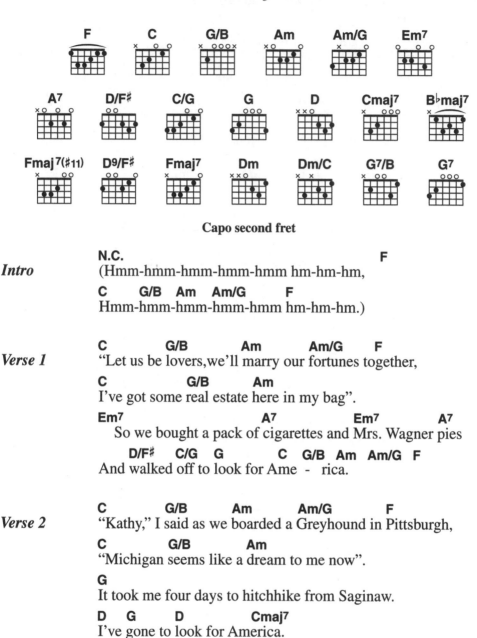

Capo second fret

Intro

N.C.   F
(Hmm-hmm-hmm-hmm-hmm hm-hm-hm,

C   G/B Am Am/G   F
Hmm-hmm-hmm-hmm-hmm hm-hm-hm.)

Verse 1

C   G/B   Am   Am/G   F
"Let us be lovers, we'll marry our fortunes together,

C   G/B   Am
I've got some real estate here in my bag".

Em7   A7   Em7   A7
  So we bought a pack of cigarettes and Mrs. Wagner pies

       D/F# C/G G   C G/B Am Am/G F
And walked off to look for Ame - rica.

Verse 2

C   G/B   Am   Am/G   F
"Kathy," I said as we boarded a Greyhound in Pittsburgh,

C   G/B   Am
"Michigan seems like a dream to me now".

G
It took me four days to hitchhike from Saginaw.

D   G   D   Cmaj7
I've gone to look for America.

Middle

B♭maj7
   Laughing on the bus,
         Cmaj7
Playing games with the faces:
B♭maj7   **Cmaj7**
She said the man in the gabardine suit was a spy.
F   **Fmaj7(♯11)**   **C**   **G/B Am Am/G**
I said, "Be careful his bow-tie is really a camera".

Link
  | **D9/F♯** | **Fmaj7** ||

Verse 3
C   **G/B**   **Am**   **Am/G**   **F**
"Toss me a cigarette, I think there's one in my raincoat".
C   **G/B**   **Am**
"We smoked the last one an hour ago".
Em7   **A7**   **Em7**   **A7**
   So I looked at the scenery,   she read her magazine
         D/F♯ C/G G   **C G/B Am Am/G F**
And the moon rose over an o - pen field.

Verse 4
C   **G/B Am**   **Am/G**   **F**
"Kathy, I'm lost," I said, though I knew she was sleeping,
      C   **Em**   **Am**
I'm empty and aching and I don't know why.
G
Counting the cars on the New Jersey Turnpike,
       D G   **D**   **Cmaj7**
They've all gone to look for America,
D G   **D**   **Cmaj7**
All gone to look for America,
D G   **D**   **Cmaj7**
All gone to look for America.

Coda
‖: **C**   **G/B** | **Am Am/G** | **Dm Dm/C** | **G7/B G7** :‖ *Repeat to fade*

American Pie

Words & Music by Don McLean

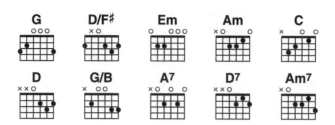

Intro

    G   D/F♯ Em   Am   C
A long, long time ago I can still remember

         Em   D
How that music used to make me smile.

      G   D/F♯ Em
And I knew if I had my chance

      Am   C
That I could make those people dance

     Em   C   D
And maybe they'd be happy for a while.

Em   Am   Em   Am
  But February made me shiver   with ev'ry paper I'd deliver,

C   G/B   Am   C   D
Bad news on the doorstep, I couldn't take one more step.

  G   D/F♯   Em   C   D
I can't remember if I cried when I read about his widowed bride.

    G   D/F♯   Em   C   D   G
And something touched me deep inside the day the music died.

So....

Chorus 1

G C   G   D
Bye-bye, Miss American Pie,

         G   C   G   D
Drove my Chevy to the levee but the levee was dry.

         G   C   G   D
And them good old boys were drinkin' whiskey and rye,

         Em   A7
Singin' this'll be the day that I die.

Em   D7
This'll be the day that I die.

Verse 1

G   Am7
  Did you write the book of love
         C   Am7   Em   D
And do you have faith in God above, if the Bible tells you so?
        G   D/F# Em   Am7   C
Now do you believe in rock and roll, can music save your mortal soul,
   Em   A7   D
And can you teach me how to dance real slow?
      Em   D
Well I know that you're in love with him
       Em   D
'Cause I__ saw you dancin' in the gym.
       C   G/B   A7   C   D7
You both kicked off your shoes, man I dig those rhythm and blues.
        G   D/F# Em
I was a lonely teenage broncin' buck
    Am7   C
With a pink carnation and a pickup truck.
       G   D/F# Em   C   D7   G C
But I knew I was out of luck the day the music died.
G   D
I started singing....

Chorus 2   As Chorus 1

Verse 2

          G   Am7
Now, for ten years we've been on our own
      C   Am7   Em   D
And moss grows fat on a rolling stone but that's not how it used to be.
       G   D/F#   Em
When the jester sang for the King and Queen
   Am7   C
In a coat he borrowed from James Dean,
     Em   A7   D
And a voice that came from you and me.
       Em   D
Oh, and while the King was looking down
     Em   D
The jester stole his thorny crown,
     C   G/B   A7   C   D7
The courtroom was adjourned, no verdict was returned.
      G   D/F#   Em   Am7   C
And while Lennon read a book on Marx the quartet practiced in the park,
      G   D/F# Em   C   D7   G C
And we sang dirges in the dark the day the music died.
G   D
  We were singing....

Chorus 3   As Chorus 1

Verse 3
```
G               Am7
Helter-skelter in a summer swelter,
        C                   Am7
The Byrds flew off with a fallout shelter.
Em              D         G    D/F♯  Em
  Eight miles high and fallin' fast,  it landed foul out on the grass,
      Am7               C
The players tried for a forward pass
          Em        A7        D
With the jester on the sidelines in a cast.
          Em              D
Now the half-time air was sweet perfume
            Em              D
While the sergeants played a marching tune.
C        G/B    A7              C              D7
We all got up to dance, oh, but we never got the chance.
          G       D/F♯   Em
'Cause the players tried to take the field,
    Am7             C              G       D/F♯      Em
The marching band refused to yield, do you recall what was revealed
      C      D7    G   C G          D
The day the music died?     We started singin'....
```

Chorus 4   As Chorus 1

Verse 4
```
    G                   Am7
Oh, and there we were all in one place,
    C          Am7           Em         D
A  generation lost in space with no time left to start again.
        G       D/F♯   Em
So come on, Jack be nimble, Jack be quick,
Am7               C              Em       A7          D
Jack Flash sat on a candlestick 'cause   fire is the devil's only friend.
    Em              D
Oh, and as I watched him on the stage
    Em                      D
My hands were clenched in fists of rage.
C        G/B    A7      C              D7
No angel born in hell could break that Satan's spell.
            G           D/F♯  Em
And as the flames climbed high into the night
    Am7         C              G       D/F♯      Em
To light the sacrificial rite, I saw   Satan laughing with delight,
        C      D7    G   C G       D
The day the music died.      He was singin'....
```

Chorus 5   As Chorus 1

Verse 5
G   D/F♯   Em   Am   C
I met a girl who sang the blues and I asked her for some happy news,
  Em   D   G   D/F♯ Em
But she just smiled and turned away. I went down to the sacred store
G/B   Am   G/B C
Where I'd heard the music   years before
      Em   C   D
But the man there said the music wouldn't play.
    Em   Am
And in the streets the children screamed,
    Em   Am
The lovers cried and the poets dreamed
C   G/B   Am   G/B C   Am
  But not a word was spoken,   the church bells all were broken.
         G   D/F♯ Em
And the three men I admire most,
G/B Am   D
  The Father, Son and the Holy Ghost,
G   D/F♯   Em   C   D   G
They caught the last train for the coast, the day the music died.

And they were singin'....

Chorus 6   As Chorus 1

Chorus 7
                       G   C   G   D
They were singing....Bye-bye, Miss American Pie,
       G   C   G   D
Drove my Chevy to the levee but the levee was dry.
     G   C   G   D
And them good old boys were drinkin' whiskey and rye,
    C   D   G C G
Singin' this'll be the day that I die._____

Another Day

Words & Music by Paul & Linda McCartney

G B7 Em Am D C A E

G/F♯ Em* fr7 Cmaj7 Em/C♯ Am7 Daug Bm/D Fmaj7

Verse 1

         G   B7
Every day she takes a morning bath, she wets her hair,
Em
Wraps a towel around her
         Am
 As she's heading for the bedroom chair,
        D   **G**
It's just another day.
C   **G**   **C**   **G**
Slipping into stockings, stepping into shoes,
C   **G**   **A**   **D**
Dipping in the pocket of her raincoat.
            G
It's just another day.

Verse 2

         G   B7
At the office where the papers grow she takes a break,
Em
Drinks another coffee
        Am
And she finds it hard to stay awake,
        D   **G**
It's just another day.

Chorus 1

   C   **Am**   **D**   **G**
  Du du du du du du, it's just another day,
           E   **Am**   **D**   **G**
Du du du du du du, it's just another day.

| G   G/F♯ | Em | Em* | ‖

Bridge 1

Em   Cmaj7
So sad, so sad,

Em/C♯   Cmaj7 Em
Sometimes she feels so sad.

                             Cmaj7
Alone in her apartment she'd dwell,

                 Em/C♯   Cmaj7   Em
Till the man of her dreams comes to break the spell.

E Am7   D
Ah, stay, don't stand her up,

       Daug   Bm/D
And he comes and he stays

      B7   Em   Cmaj7
But he leaves the next day, so sad.

Em/C♯   Cmaj7 Em
Sometimes she feels so sad.

Verse 3

    N.C G   B7
As she posts another letter to the sound of five,

Em
People gather 'round her

         Am
And she finds it hard to stay alive,

       D   G
It's just another day.

Chorus 2

    C   Am   D   G
  Du du du du du du, it's just another day,

           E   Am   D   G
Du du du du du du, it's just another day.

│ G   G/F♯ │ Em   │ Em*   ‖
Ay. _____

Bridge 2   As Bridge 1

Verse 4   As Verse 1

Chorus 3

    C   Am   D   G
  Du du du du du du, it's just another day,

           E   Am   D   G   Fmaj7 C G
Du du du du du du, it's just another day. _____

The Ballad Of El Goodo

Words & Music by Alex Chilton & Chris Bell

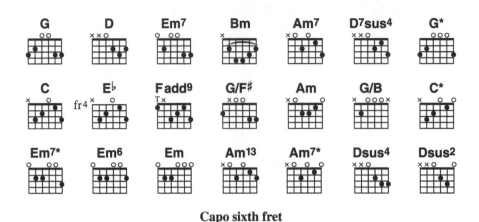

Capo sixth fret

Intro
‖ G D Em⁷ Bm │ Am⁷ D⁷sus⁴ │ G │ G ‖

Verse 1

    G*   C   Am⁷ D
Years ago, my heart was set to live,   oh

    Bm   Em⁷   C   E♭
And I've been trying hard against unbelievable odds.

    G*   C   Am⁷ D
It gets so hard, in times like now, to hold on,

    Bm   Em⁷ C   Fadd⁹
But guns they wait to be stuck by, at my side is God.

Chorus 1

              G   G/F♯ Em⁷   D   Am⁷ D⁷sus⁴ G
And there ain't no   one goin' to turn me   'round,

    G   G/F♯ Em⁷   D   Am⁷ D⁷sus⁴ G   │G   │
Ain't no   one goin' to turn me   'round.

Verse 2

    G*   C   Am⁷   D
There's people around who tell you that they know,

    Bm   Em⁷ C   E♭
And places where they send you,   and it's easy to go.

    G*   C   Am⁷   D
They'll zip you up and dress you down and stand you in a row

    Bm   Em⁷ C   Fadd⁹
But you know you don't have to,   you could just say "no."

Chorus 2

G   **G/F♯**   **Em7**   **D**   **Am7**   **D7sus4**   **G**
And there ain't no   one goin'   to turn   me   'round,

G   **G/F♯**   **Em7**   **D**   **Am7**   **D7sus4**   **G**
Ain't no   one goin'   to turn   me   'round,

G   **G/F♯**   **Em7**   **D**   **Am7**   **D7sus4**   **G**
Ain't no   one goin'   to turn   me   'round,

G   **G/F♯**   **Em7**   **D**   **Am7**   **D7sus4**   **G** |**G** |
Ain't no   one goin'   to turn   me   'round.

Bridge 1

Am   **G/B**   **C***   **G/B**
  I've been built up   and   trusted,

Am   **G/B**   **C***   **G/B**
  Broke down   and   busted

Am   **G/B**   **C***   **Am**
  But they'll get theirs and we will get ours, if you can

      Em7* **Em6** **Em** **Em7*** **Am7** **Am13** **Am7*** **Am13**
Just-a hold _____ on,

Dsus4 **D** **Dsus2** **D**   **G**
Hold _____ on,

Em7* **Em6** **Em** **Em7***   **Am7** **Am13** **Am7*** **Am13**
Hold _____ on,

Dsus4 **D** **Dsus2** **D**   **G**
Hold _____ on.

Verse 3

G*   **C**   **Am7**   **D**
  Years ago, my heart was set to live,   oh

    Bm   **Em7**   **C**   **E♭**
And I've been trying hard   against strong odds.

G*   **C**   **Am7**   **D**
  It gets so hard, in times like now, to hold   on,

     Bm   **Em7** **C**   **Fadd9**
Well, I'll fall if I don't fight,   and at my side is God

Chorus 3   As Chorus 2

Bridge 2

Em7* **Em6** **Em** **Em7***   **Am7** **Am13** **Am7*** **Am13**
Hold _____ on,

Dsus4 **D** **Dsus2** **D**   **G**
Hold _____ on,

Em7* **Em6** **Em** **Em7***   **Am7** **Am13** **Am7*** **Am13**
Hold _____ on,

Dsus4 **D** **Dsus2** **D**   **G**
Hold _____ on.

|**G** |**G** |**G**   ‖

Behind Blue Eyes

Words & Music by Pete Townshend

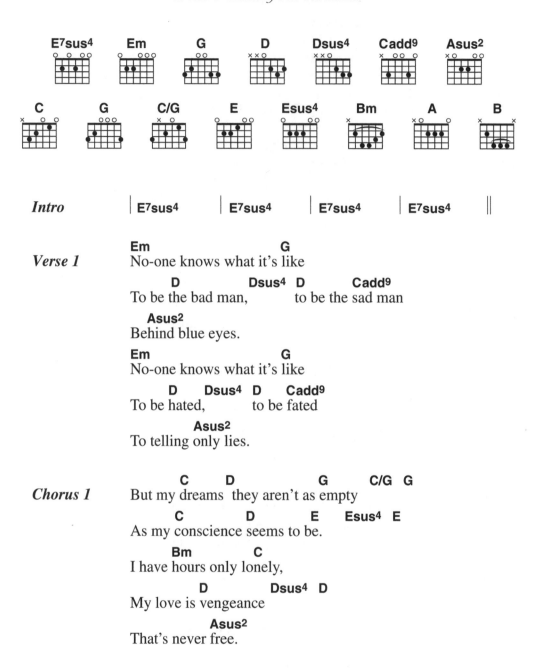

Intro | E7sus4 | E7sus4 | E7sus4 | E7sus4 ||

Verse 1

    Em   **G**
No-one knows what it's like

    D   **Dsus4 D**   **Cadd9**
To be the bad man,   to be the sad man

Asus2
Behind blue eyes.

Em   **G**
No-one knows what it's like

    D   **Dsus4 D**   **Cadd9**
To be hated,   to be fated

     Asus2
To telling only lies.

Chorus 1

    C   **D**   **G**   **C/G G**
But my dreams they aren't as empty

    C   **D**   **E**   **Esus4 E**
As my conscience seems to be.

  Bm   **C**
I have hours only lonely,

    D   **Dsus4 D**
My love is vengeance

    Asus2
That's never free.

Verse 2

Em   G
No-one knows what it's like

                 D   Dsus4 D
To feel these feelings

            Cadd9
Like I do

            Asus2
And I blame you.

Em   G   D   Dsus4 D
No-one bites back this hard on their anger,

            Cadd9
None of my pain and woe

            Asus2
Can show through.

Chorus 2   As Chorus 1

Link | E | Bm A | E | Bm A ||

               E   Bm   A
Bridge   When my fist clenches crack it open

               E   Bm   G   D
               Before I use it and lose my cool;

                 Bm   A   D
               When I smile tell me some bad news

                 Bm   A   E Bm A
               Before I laugh and act like a fool.

               E   Bm   A   E
               And if I swallow anything evil

                 Bm   G   D
               Put your finger down my throat;

                 Bm   A   D
               And if I shiver please give me a blanket,

                 Bm   A   E Bm A E Bm A
               Keep me warm, let me wear your coat.

Link | B | A G D | B | A G D |

           | B | A G D | B | B ||

           Em   G
Coda   No-one knows what it's like

               D   Dsus4 D   Cadd9
           To be the bad man,   to be the sad man,

             Asus2
           Behind blue eyes.

Bird On The Wire

Words & Music by Leonard Cohen

A	E	D	Asus⁴	Bm	Esus⁴

Verse 1

      A   E
Like a bird on the wire,

      A   D
Like a drunk in a midnight choir

      A   E   A   Asus⁴
I have tried in my way to be free.

      A   E
Like a worm on a hook,

      A   D
Like a knight from some old fashioned book,

      A   E   A
I have saved all my   ribbons for thee.

Bridge 1

D   A
  If I, if I have been unkind,

Bm   A
  I hope that you can just let it go by.

D   A
  If I, if I have been untrue

Bm   E   Esus⁴ E
  I hope you know it was never to you.

Verse 2

      A   E
Oh, like a baby, stillborn,

      A   D
Like a beast with his horn,

      A   E   A   Asus⁴
I have torn everyone who reached out for me.

cont.

      A   E
But I swear by this song

       A   D
And by all that I have done wrong

A   E   A   Asus⁴ A
  I will make it all up to thee.

Bridge 2

      D   A
  I saw a beggar leaning on his wooden crutch,

Bm   A
  He said to me, "You must not ask for so much."

      D   A
  And a pretty woman leaning in her darkened door,

Bm   E   Esus⁴ E
  She cried to me, "Hey, why not ask for more?" _____

Verse 3

      A   E
Oh like a bird on the wire,

      A   D
Like a drunk in a midnight choir

      A   E   D   A
I have tried in my way to be free. _____

Both Sides, Now

Words & Music by Joni Mitchell

D	Gsus2	Asus4	A7sus4	D*	D**	A7sus4*

Capo fourth fret
Tune guitar to D, A, D, F♯, A, D

Intro

| D Gsus2 | D Gsus2 | D Gsus2 | D Gsus2 ||

Verse 1

Asus4 Gsus2   A7sus4 D
Rows and flows of angel   hair

Gsus2 D   A7sus4 D* A7sus4
And ice cream castles in the air

   Asus4 Gsus2 A7sus4
And feather canyons everywhere,

Asus4   Gsus2 D A7sus4
I've looked at clouds that way.

D   Asus4 Gsus2 A7sus4 D
But now they only   block the sun,

Gsus2 D   Asus4 A7sus4 D*   Gsus2
They rain and snow on   everyone, ___

   Asus4 Gsus2 A7sus4
So many things I would have done,

Asus4   Gsus2 D A7sus4
But clouds got in my way.

Chorus 1

D   D*   A7sus4   A7sus4* D
I've looked at clouds from both sides   now,

     A7sus4*
From up and down,

D   A7sus4*
And still somehow

D Asus4 Gsus2 D Gsus2 D
It's cloud illus - ions I   re - call,

 Asus4 Gsus2   A7sus4 D   Gsus2
I really don't know clouds at all.

| D Asus4 Gsus2 | D Gsus2 | D Gsus2 ||

Verse 2

Asus⁴　　Gsus²　　　　A⁷sus⁴　D
　Moons and Junes and Ferris　　wheels,

Gsus²　D　　　　A⁷sus⁴　D**　A⁷sus⁴*
　The　dizzy dancing way you feel

　Asus⁴　Gsus²　A⁷sus⁴
As every　fairy　tale comes real,

Asus⁴　　　　　Gsus²　D　A⁷sus⁴
　I've looked at love　　that way.

D　　Asus⁴　Gsus²　A⁷sus⁴　D
　But now　it's just another　show

Gsus²　D　　　　　A⁷sus⁴*　D**　　A⁷sus⁴
　You　leave 'em laughing when you go

　Asus⁴　Gsus²　A⁷sus⁴
And if you　care,　　don't let them know,

Asus⁴　　　Gsus²　　D　A⁷sus⁴
　Don't give yourself a - way.

Chorus 2

D　　D*　　　A⁷sus⁴　　　A⁷sus⁴*　D
　I've looked at love from both sides　　now,

　　　　A⁷sus⁴*
From give and take,

D　　　　A⁷sus⁴*
　And still somehow

D　Asus⁴　　Gsus²　D　Gsus²　　D
It's ＿ love's illus - ions I　　re - call,

　Asus⁴　Gsus²　　A⁷sus⁴　D　　Gsus²
I really　don't know love at　all.

| D　Asus⁴　Gsus² | D　Gsus² | D　Gsus² ‖

Verse 3

Asus⁴　Gsus²　　A⁷sus⁴　　　D
　Tears and fears and feeling proud

Gsus²　D　　　　A⁷sus⁴*　D**　A⁷sus⁴*
　To　say "I love you" right out loud.

Asus⁴　　　　Gsus²　A⁷sus⁴
Dreams and schemes ＿ and circus crowds,

Asus⁴　　　　　Gsus²　D　A⁷sus⁴
　I've looked at life　　that way.

cont.

D   A sus4 G sus2   A7sus4 D
But now   old friends are acting strange

G sus2 D   A7sus4 D*
They shake their heads, they say I've changed.

G sus2 A sus4   G sus2 A7sus4
Well   some - thing's lost but something's gained

A sus4   G sus2 D A7sus4
In living every   day.

Chorus 3

D   D*   A7sus4   A7sus4* D
I've looked at life from both sides   now,

            A7sus4*
From win and lose

D   A7sus4*
And still somehow

D A sus4   G sus2 D G sus2   D
It's __ life's illus - ions I   re - call,

 A sus4 G sus2   A7sus4 D   G sus2
I really   don't know life at   all.

| D A sus4 G sus2 | D G sus2 | D G sus2 ‖

Chorus 4

D**   A7sus4* D** A7sus4* D
I've looked at life from both sides   now,

      D*   A7sus4*
From up and down,

D   D* A7sus4*
And still somehow

D A sus4   G add2   D G sus2   D
It's __ life's illus - ions I   re - call,

 A sus4 G sus2   A7sus4 D   G sus2
I really   don't know life at all.

| D A sus4 G sus2 | D G sus2 | D G sus2 |

| D G sus2 | D G sus2 | D G sus2 | D A sus4   G sus2 |

| D G sus2 | D   ‖

California Dreamin'

Words & Music by John Phillips & Michelle Phillips

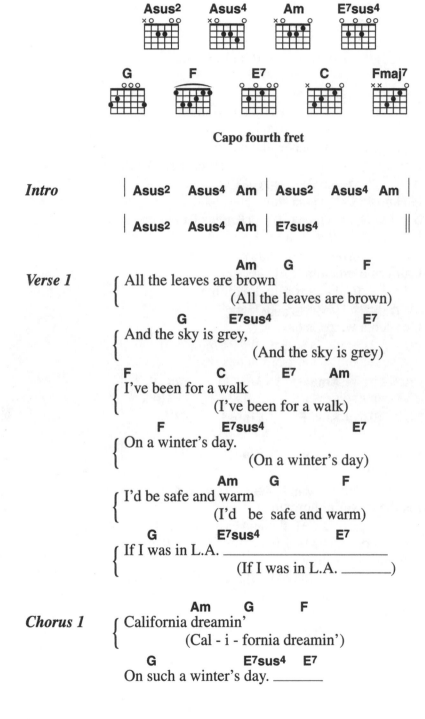

Capo fourth fret

Intro

| Asus² Asus⁴ Am | Asus² Asus⁴ Am |

| Asus² Asus⁴ Am | E⁷sus⁴ ‖

Verse 1

          Am   G   F
All the leaves are brown
       (All the leaves are brown)

       G   E⁷sus⁴   E⁷
And the sky is grey,
       (And the sky is grey)

 F   C   E⁷   Am
I've been for a walk
       (I've been for a walk)

  F   E⁷sus⁴   E⁷
On a winter's day.
       (On a winter's day)

       Am   G   F
I'd be safe and warm
       (I'd be safe and warm)

 G   E⁷sus⁴   E⁷
If I was in L.A. _____
       (If I was in L.A. _____)

Chorus 1

     Am   G   F
California dreamin'
     (Cal - i - fornia dreamin')

  G   E⁷sus⁴ E⁷
On such a winter's day. _____

Verse 2

             Am   **G**
Stopped into a church

 F   **G**   **E7sus4**
I passed along the way,

E7   **F**   **C**   **E7**   **Am**
   Well, I got down on my knees
                (Got down on my knees)

       F   **E7sus4**   **E7**
And I pretend to pray.
         (I pretend to pray)

                     Am   **G**   **F**
You know the preacher like the cold
                (Preacher like the cold)

       G   **E7sus4**   **E7**
He knows I'm gonna stay.
         (Knows I'm gonna stay.)

Chorus 2

        Am   **G**   **F**
California dreamin'
     (Cal - i - fornia dreamin')

G   **E7sus4** **E7**
On such a winter's day. _____

Flute solo

| **Am** | **Am** | **Am** | **Am** **F** |

| **C** **E7** | **Am** **F** | **E7sus4** | **E7** |

‖: **Am** **G** | **F** **G** | **E7sus4** | **E7** :‖

Verse 3

               Am   **G**   **F**
All the leaves are brown
             (All the leaves are brown)

       G   **E7sus4**   **E7**
And the sky is grey,
           (And the sky is grey)

F   **C**   **E7**   **Am**
I've been for a walk
        (I've been for a walk)

   F   **E7sus4**   **E7**
On a winter's day.
        (On a winter's day)

cont.

                  Am   **G**   **F**

{ If I didn't tell her
           (If I   didn't tell her)

             G   **E^{7}sus^4**   **E^7**

{ I could leave today.
                     (I could leave today.)

Outro

                 Am   **G**   **F**

{ California dreamin'
        (Cal - i - fornia dreamin')

     G   **Am**   **G**   **F**

{ On such a winter's day,
                (California dreamin')

     G   **Am**   **G**   **F**

{ On such a winter's day,
                (California dreamin')

     G   **Fmaj^7** **Am**

On such a winter's day. _____

Caroline Goodbye

Words & Music by Colin Blunstone

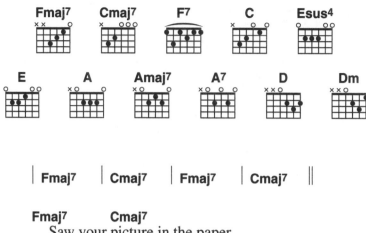

Intro | Fmaj7 | Cmaj7 | Fmaj7 | Cmaj7 ||

Verse 1

Fmaj7   Cmaj7
  Saw your picture in the paper,
Fmaj7   Cmaj7
  My, you're looking pretty good.
Fmaj7   Cmaj7
  Looks like you're gonna make it in a big way,
Fmaj7   Cmaj7
  Oh, I always knew you would.

Pre-chorus 1

F7   C
  But I should've known better, yeah.
F7   Esus4 E
  And I should've seen sooner, ooh. _____

Chorus 1

A   Amaj7
  No use pretending,
                    A7
I've known for a long time,
            D   Dm
Your love is ending.
                A   Dm
Caroline goodbye,
                A | Fmaj7 | Cmaj7 ||
Caroline goodbye. Aah. _____

Verse 2

Fmaj7　　　　　　　　Cmaj7
　I'm not saying how or where we went wrong,

Fmaj7　　　　　　　　Cmaj7
　Time changes till we get on alone.

Fmaj7　　　　　Cmaj7
　I'm left with no thoughts of the past,

Fmaj7　　　　　　　Cmaj7
　Here's your song to help make it last.

Pre-chorus 2

F7　　　　　　　　　　　　C
　But I should've known better, yeah.

F7　　　　　　　　　Esus4　E
　And I should've seen sooner,　ooh. _____

Chorus 2

A　　　　　Amaj7
　No use pretending,

　　　　　　　A7
I've known for a long time,

　　　　　D　　　Dm
Your love is ending.

　　　　　A　　Dm
Caroline goodbye,

　　　　　A
Caroline goodbye. Ooh. ____

Solo

| Fmaj7 | Cmaj7 | Fmaj7 | Cmaj7 |
___

| Fmaj7 | Cmaj7 | Fmaj7 | Cmaj7 ‖

Chorus 3

A　　　　　　　Amaj7
　It's no use pretending,

　　　　　　　A7
I've known for a long time,

　　　　　D　　　Dm
Your love is ending.

　　　　　A　　Dm
Caroline goodbye,

　　　　　A　　Dm
Caroline goodbye,

　　　　　A　　Fmaj7
Caroline goodbye.

Catch The Wind

Words & Music by Donovan Leitch

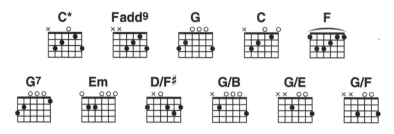

Capo third fret
Tune guitar slightly sharp

Intro | C* | C* | Fadd⁹ | G | C* | Fadd⁹ | C* | C* ||

Verse 1

      C*   Fadd⁹
In the chilly hours and minutes

      C   F
Of uncertainty, I __ want to be

C*   Fadd⁹ G C* | C* | G⁷ | G⁷ |
In the warm hold of your lovin' mind,

      C*   Fadd⁹
To feel you all around me

      C   F
And to take your hand along the sand,

C*   Fadd⁹ G   C* | Fadd⁹ | C* | C* ||
Ah, but I may as well try and catch the wind.

Verse 2

      C*   Fadd⁹
When sundown pales the sky,

      C   F
I want to hide a while behind your smile

C*   Fadd⁹   G   C* | C* | G⁷ | G⁷ |
And everywhere I'd look, your eyes I'd find.

      C*   Fadd⁹
For me to love you now

      C   F
Would be the sweetest thing, t'would make me sing,

C*   Fadd⁹ G   C* | Fadd⁹ | C* | C* ||
Ah, but I may as well try and catch the wind.

Instrumental | F | F | Em | Em | F | F | |
                | D/F♯ | D/F♯ | G/B | G/E | G/F | G/E   ‖

                          C*   Fadd⁹

Verse 3   When rain has hung the leaves with tears

C   F
I want you near to kill my fears,

C*   Fadd⁹ G   C* | C* | G⁷ | G⁷ |
To help me to leave all my blues behind.

  C*   Fadd⁹
For standin' in your heart

                   C*   C F
Is where I want to be and long to be,

C*   Fadd⁹ G   C* | Fadd⁹ | C* | C*   ‖
Ah, but I may as well try and catch the wind.

Solo | C* | C* | Fadd⁹ | Fadd⁹ | C* | C* | F | F |

              | C* | C* | Fadd⁹ | G | C* | C* | G⁷ | G⁷ |

              | C* | C* | Fadd⁹ | Fadd⁹ | C* | C* | F | F |

              | C* | C* | Fadd⁹ | G | C* | Fadd⁹ | C* | C* |

Outro | C* | C* | Fadd⁹ | Fadd⁹ | C* | C* | F | F |

              C*   Fadd⁹ G   C* | Fadd⁹ | C* ‖
Ah, but I may as well try and catch the wind.

Daydream

Words & Music by John Sebastian

| C | A7 | Dm7 | G7 | F | D7/F♯ | G | C/G |

Capo first fret

Intro | C | C ‖

Verse 1

C   A7
What a day for a day dream,
Dm7   G7
What a day for a day dreamin' boy.
C   A7
And I'm lost in a day dream,
Dm7   G7
Dreamin' 'bout my bundle of joy.

Chorus 1

F   D7/F♯   C A7
And even if time ain't really on my side,
F   D7/F♯   C   A7
It's one of those days for taking a walk outside.
F   D7/F♯   C   A7
I'm blowing the day to take a walk in the sun,
G   C/G   G7   C/G G
And fall on my face on somebody's new mowed lawn.

Verse 2

C   A7
I've been havin' a sweet dream,
Dm7   G7
I've been dreamin' since I woke up today.
C   A7
It's starring me in my sweet dream,
Dm7   G7
'Cause she's the one makes me feel this way.

Chorus 2

F D7/F♯ C A7
And even if time is passin' me by a lot,

F D7/F♯ C A7
I couldn't care less about the dues you say I_ got.

F D7/F♯ C A7
Tomorrow I'll pay the dues for dropping my load,

G C/G G7 C/G G
A pie in the face for being a sleepy bull toad.

Instrumental ‖: C | A7 | Dm7 | G7 :‖

Chorus 3

F D7/F♯ C A7
And you can be sure that if you're feelin' right,

F D7/F♯ C A7
A day dream will last along into the night.

F D7/F♯ C A7
Tomorrow at breakfast you may prick up your ears,

G C/G G7 C/G G
Or you may be day dreamin' for a thousand years.

Verse 3

C A7
What a day for a day dream,

Dm7 G7
Custom made for a day dreamin' boy.

C A7
And I'm lost in a day dream,

Dm7 G7
Dreamin' 'bout my bundle of joy.

Instrumental ‖: F D7/F♯ | C A7 :‖ *Repeat to fade with ad lib whistling*

Dolphins

Words & Music by Fred Neil

A   A7   Bm   E   B♭7

Capo first fret

Intro   ‖: A | A | A7 | A7   :‖

Verse 1

A   A7
Sometimes I think about

Bm   E
Saturday's child

A   A7
And all about the times

Bm   E
When we were running wild.

Chorus 1

Bm   E   A   A7
I've been a-searchin' for the dolphins in the sea. ___

Bm   E   A   A7
Ah, but sometimes I wonder, do you ever think of me?

Verse 2

A   A7
This old world will never change

Bm   E
The way it's been

A   A7
And all our ways of war

Bm   E
Can't change it back again.

Chorus 2

                  Bm   E   A   A7
I've been a - searchin' for the dolphins in the sea. ___

Bm   E   A   A7
Ah, but sometimes I wonder, do you ever think of me?

Verse 3

A   A⁷
 Lord, I'm not the one to tell

Bm   E
 This old world how to get along

A   A⁷
 I only know that peace will come

Bm   E
 When all our hate is gone.

Chorus 3

     Bm   E   A A⁷
I've been a-searchin' for the dolphins in the sea. _____

Bm   E   A   A⁷
 Ah, but sometimes I wonder, do you ever think of me?

Outro

A   A⁷
 This old world will never change,

A   A⁷
 This old world will never change,

A
 This old world

A⁷   B♭⁷ A
 Will never change. _____

Debora

Words & Music by Marc Bolan

G   C   D   G6/D   Em   G6/F♯   A7

Capo third fret

Intro
> | G | G |

G
    Dugaredug, and dugaredug, redug,

Dugaredug, and dugaredug, redug,

Dugaredug, and dugaredug, redug,

Dugaredug, and dugaredug.

Verse 1
       G
Oh, Deborah, always look like a zebra.
     C   **D**
Your sunken face is like a galleon,
C   **D**
Clawed with mysteries of the Spanish main,
   G
Oh Deborah.

Chorus 1
G
Dugaredug, and dugaredug, redug,
G6/D **Em** **G6/F♯** **Em** **G6/D** **G**   **C**
Da,   da,   da,   da,   da,   Deborah.
                             G
Dugaredug, and dugaredug, redug,
G6/D **Em** **G6/F♯** **Em** **G6/D** **G**
Da,   da,   da,   da,   da,   da, da.
A7
Na na na na na, na na na na na, _____
                              G

Dugaredug, and dugaredug, redug,

Dugaredug, redugaredug.

Verse 2

       G
Oh, Deborah, always dressed like a conjurer,

      C   **D**
It's fine to see your young face hiding

C   **D**
'Neath the stallion that I'm riding,

G
Deborah.

Chorus 2

G6/D **Em** **G6/F♯** **Em** **G6/D** **G**
Da,   da, da,   da,   da,   da, da,

C   **G**
Dugaredug, and dugaredug, redug,

G6/D **Em** **G6/F♯** **Em** **G6/D** **G**
Da,   da, da,   da,   da,   da, da.

A7
Na na na na na, na na na na na,

Na na na na na, na na na na na,

Oh, Deborah, oh, Deborah.

Chorus 3

G6/D **Em** **G6/F♯** **Em** **G6/D** **G**
Da,   da, da,   da,   da,   da, da,

C   **G**
Dugaredug, and dugaredug, redug,

G6/D **Em** **G6/F♯** **Em** **G6/D** **G**
Da,   da, da,   da,   da,   da, da.

A7
Na na na na na, na na na na na,

         G
Sshhh. _____

Bridge

  G
   Dugaredug, and dugaredug, redug,

Dugaredug, redugaredug, redug,

Dugaredug, redugaredug, redug

Dugaredug, redugaredug.

Verse 3

        G
Oh, Deborah, you look like a stallion.

Oh, Deborah, you look like a stallion.

        C   **D**
Your sunken face is like a galleon

C   **D**
Clawed with mysteries of the Spanish main,

     G
Oh Deborah.

Chorus 4

G6/D **Em** **G6/F♯** **Em** **G6/D** **G**
Da,   da,   da,   da,   da,   da, da,

C   **G**
Dugaredug, and dugaredug, redug,

G6/D **Em** **G6/F♯** **Em** **G6/D** **G**
Da,   da,   da,   da,   da,   da, da.

C
Dugaredug, and dugaredug, redug,

Dugaredug, and dugaredug, redug,

Dugaredug, and dugaredug, redug.

A7
Na na na na na, na na na na na,

Na na na na na, na na na na na,

                        G
Oh, Deborah, oh, Deborah.

Chorus 5

G6/D **Em** **G6/F♯** **Em** **G6/D** **G**
Da,   da,   da,   da,   da,   da, da,

C   **G**
Dugaredug, and dugaredug, redug,

G6/D **Em** **G6/F♯** **Em** **G6/D** **G**
Da,   da,   da,   da,   da,   da, da.

A7
Na na na na na, na na na na na,

           G
Sshhh. ____ *Fade out*

Don't Think Twice, It's All Right

Words & Music by Bob Dylan

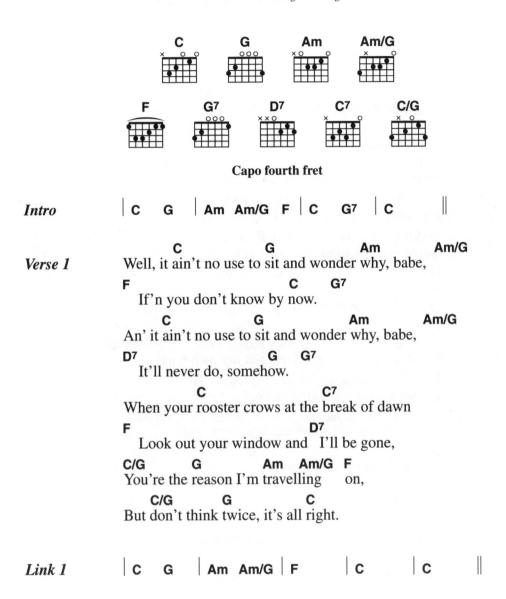

Capo fourth fret

Intro | C   G | Am   Am/G   F | C   G7 | C   ‖

Verse 1

           C   G   Am   Am/G
Well, it ain't no use to sit and wonder why, babe,
F   C   G7
    If'n you don't know by now.
           C   G   Am   Am/G
An' it ain't no use to sit and wonder why, babe,
D7   G   G7
    It'll never do, somehow.
           C   C7
When your rooster crows at the break of dawn
F   D7
   Look out your window and   I'll be gone,
C/G   G   Am   Am/G   F
You're the reason I'm travelling   on,
     C/G   G   C
But don't think twice, it's all right.

Link 1 | C   G | Am   Am/G | F | C | C   ‖

Verse 2

      C   G   Am   Am/G
An' it ain't no use in turning on your light, babe,

    F   C   G7
The light I never knowed.

      C   G   Am   Am/G
An' it ain't no use in turning on your light, babe,

D7   G   G7
  I'm on the dark side of the road.

      C   C7
But I wish there was something you would   do or say

  F   D7
To try and make me change my mind and stay,

   C/G G   Am   Am/G   F
We never did too much talking anyway

   C/G   G   C
So don't think twice, it's all right.

Link 2 | C   G | Am Am/G | F | C | C ||

Verse 3

      C   G   Am   Am/G
No, it ain't no use in calling out my name, gal,

F   C   G7
  Like you never done before.

    C   G   Am   Am/G
It ain't no use in calling out my name, gal,

D7   G   G7
  I can't hear you any more.

      C   C7
I'm a-thinking and a-wondering walking down the road,

  F   D7
I once loved a woman, a child I am told,

   C/G   G   Am   Am/G   F
I give her my heart but she wanted my soul

   C/G   G   C
But don't think twice, it's all right.

Link 3 | C   G | Am Am/G | F | C   G | C | C ||

Verse 4

       C   **G**   **Am**
So long, ⎯ honey babe,

Am/G   **F**   **C**   **G7**
Where I'm bound, I can't tell.

      C   **G**   **Am**   **Am/G**
But goodbye's too good a word, babe.

D7   **G**   **G7**
  So I'll just say fare thee well.

C   **C7**
I ain't saying you treated me unkind,

   F   **D7**
You could have done better but I don't mind.

C/G   **G**   **Am** **Am/G** **F**
You just kinda wasted my pre - cious   time

     C/G   **G**   **C**
But don't think twice, it's all right.

Coda

C	G	Am	Am/G	F		C	

C	G	Am	Am/G	D7		G	G7

C		C7		F		D7	

C/G	G	Am	Am/G	F	C	G	C	F	C

Dream A Little Dream Of Me

Words by Gus Kahn
Music by Wilbur Schwandt & Fabian Andre

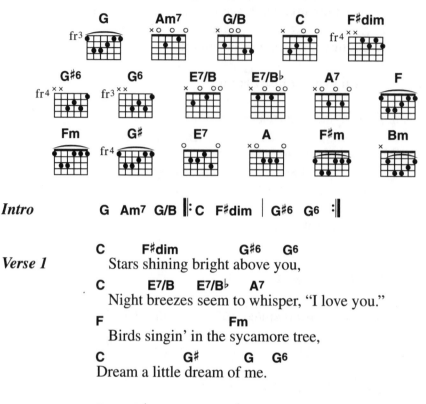

Intro   G Am7 G/B ‖: C F#dim │ G#6 G6 :‖

Verse 1

     C   F#dim   G#6   G6
Stars shining bright above you,

     C   E7/B   E7/B♭ A7
Night breezes seem to whisper, "I love you."

     F   Fm
Birds singin' in the sycamore tree,

     C   G#   G   G6
Dream a little dream of me.

Verse 2

     C   F#dim   G#   G
Say nighty-night and kiss me,

     C   E7/B   E7B♭   A7
Just hold me tight and tell me you'll miss me.

     F   Fm
While I'm alone and blue as can be,

     C   G#   G C   E7
Dream a little dream of me.

Chorus 1

     A   F#m   Bm   E7
Stars fading but I linger on, dear,

     A   F#m   Bm E7
Still craving your kiss.

     A   F#m   Bm   E7
I'm longing to linger till dawn, dear,

     A   F#m G# G
Just saying this:__

Verse 3

C   F#dim   G#   G
Sweet dreams till sunbeams find you,

C   E7/B   E7/B♭   A7
Sweet dreams that leave all worries behind you.

F   Fm
But in your dreams whatever they be,

C   G#   G C
Dream a little dream of me.

Piano Solo

| C F#dim | G# G | C E7/B E7/B♭ | A7 | |

| F | Fm | C G#G | C E7 ‖

Chorus 2   As Chorus 1

Verse 4

C   F#dim   G#   G
Sweet dreams till sunbeams find you,

C   E7/B   E7/B♭   A7
Sweet dreams that leave all worries far behind you.

F   Fm
But in your dreams whatever they be,

C   G#   G (C)
Dream a little dream of (me).

Outro   ‖: C F#dim | G# G :‖ *Repeat to fade with ad lib vocal*
me.

Dust In The Wind

Words & Music by Kerry Livgren

C   **Cmaj7**   **Cadd9**   **Asus2**   **Asus4**   **Am**   **G/B**

G   **Dm7**   **D/F#**   **Am/G**   **Am9** fr5   **G6/A** fr5   **Fmaj7#11/A** fr3

Intro

| C | Cmaj7 | Cadd9 | C | Asus2 | Asus4 | Am | Asus2 |

| Cadd9 | C | Cmaj7 | Cadd9 | Am | Asus2 | Asus4 | Am ‖

Verse 1

G/B C   G/B Am
I   close my   eyes

G   Dm7   Am   G/B
Only for a moment and the moment's gone.

C G/B Am
All my   dreams,

G   Dm7   Am
Pass before my eyes, that curiosity.

Chorus 1

D/F# G   Am   Am/G
    Dust in the wind,

D/F#   G   Am   G/B
All they are is dust in the wind.

Verse 2

C   G/B Am
Same old   song,

G   Dm7   Am   G/B
Just a drop of water in an endless sea.

C G/B Am
All we do

G   Dm7
Crumbles to the ground,

          Am
Though we refuse to see.

Chorus 2

D/F♯   G   Am   Am/G
     Dust in the wind,

D/F♯   G   Am9 G6/A Fmaj7♯11/A
All we are is dust in the wind, _____ oh. __

Instrumental ‖: **Am9** | **Am9** | **G6/A** | **G6/A** |

   | **Fmaj7♯11/A** | **Fmaj7♯11/A** | **Fmaj7♯11/A** | **Fmaj7♯11/A** :‖

   | **C** | **Cmaj7** | **Cadd9** | **C** | **Asus2** | **Asus4** | **Am** | **Asus2** |

   | **Cadd9** | **C** | **Cmaj7** | **Cadd9** | **Am** | **Asus4** | **Asus2** | **Am G/B** ‖

Verse 3

C   G/B Am
Don't hang on,

G   Dm7   Am
Nothing lasts forever but the earth and sky.

G/B C   G/B Am
It   slips a - way

   G   Dm7   Am
And all your money won't another minute buy.

Chorus 3

D/F♯   G   Am   Am/G
     Dust in the wind,

D/F♯   G   Am   Am/G
All we are is dust in the wind.

D/F♯   G   Am   Am/G
     Dust in the wind,

D/F♯   G   Am Asus2 Asus4
Everything is dust in the wind, __

Am Asus2 Asus4
    The   wind.

Outro   ‖: **Am** | **Asus2** | **Asus4** :‖ *Repeat to fade*

Eve Of Destruction

Words & Music by Phil F. Sloan

D **Dsus4** **Dsus2** **G** **A** **Bm**

Intro   ‖: D Dsus4 Dsus2 | D Dsus4 Dsus2 :‖

Verse 1

       D   **G**   **A**
The eastern world it is explodin',

D   **Dsus4 Dsus2 G**   **A**
  Violence flar - in',   bullets loadin'.

        D   **Dsus4 Dsus2 G**   **A**
You're old enough to   kill   but not for votin',

      D   **Dsus4 Dsus2 G**   **A**
You don't believe in   war but what's that gun you're totin'?

      D   **Dsus4 Dsus2 G**   **A**
And even the Jordan river has   bodies floatin',

Chorus 1

          D   **G**   **A**   **D**   **Bm**
But you   tell me o_ver and o-ver and o-ver again, my friend,

      G   **A**   **D**   **Dsus4 Dsus2**
Ah, you don't believe we're on the eve of destruction.

Link 1 | D Dsus4 Dsus2 | G | A   ‖

Verse 2

D   **G**   **A**
Don't you understand what I'm tryin' to say?

     D   **G**   **A**
And can't you feel the fears I'm feelin' today?

       D   **Dsus4 Dsus2**   **G**   **A**
If the button is pushed   there's no runnin' away,

          D   **Dsus4 Dsus2**   **G**   **A**
There'll be no-one to save   with the world in a grave,

       D   **G**   **A**
Take a look around you, boy, it's bound to scare you, boy.

Chorus 2   As Chorus 1

Link 2

```
| D  Dsus4  Dsus2 | G        | A        |

| D  Dsus4  Dsus2 | D  Dsus4  Dsus2 ||
```

Verse 3

```
          D          Dsus4   Dsus2 G        A
     Yeah, my blood's so mad,    feels  like coagulatin',
          D          Dsus4 Dsus2 G        A
     I'm sittin' here,      just  contemplatin'.
          D        Dsus4   Dsus2 G              A
     I_ can't twist the truth, it knows no regulation,
     D              Dsus4   Dsus2     G         A
     Handful of Sena - tors don't pass legislation.
            D          Dsus4 Dsus2 G        A
     And marches alone      can't bring integration
            D              Dsus4 Dsus2 G    A
     When human respect   is     disintegratin',
            D          Dsus4 Dsus2 G            A
     This whole crazy    world is  just too frustratin'.
```

Chorus 3   As Chorus 1

Link 3   As Link 2

Verse 4

```
          D            Dsus4 Dsus2 G          A
     And think of all the hate   there  is in Red China,
            D            Dsus4 Dsus2 G        A
     Then take a look around    to    Selma, Alabama.
          D            Dsus4 Dsus2 G          A
     Ah, you may leave here      for   four days in space,
          D            Dsus4 Dsus2 G          A
     But when you return    it's the same old place.
          D              Dsus4 Dsus2 G            A
     The poundin' of the drums,   the    pride and disgrace,
            D            Dsus4 Dsus2 G            A
     You can bury your dead,      but   don't leave a trace,
            D                    G          A
     Hate your next door neighbour, but don't forget to say grace.
```

Chorus 4

```
          D      G        A        D              Bm
     And tell me over and o-ver and o-ver and over again, my friend,
          G              A                D         Dsus4 Dsus2
     You don't believe we're on the eve of destruction,
     D Dsus4 Dsus2  G              A            D       Dsus4 Dsus2
        No    no, you don't believe we're on the eve of destruction.

     | D  Dsus4  Dsus2 | G        | D        ||
```

Fire And Rain

Words & Music by James Taylor

Chord diagrams: A Em7 D E G Gmaj7 A/C♯ (fr 2) Bm7 D/E D/F♯ A9sus4

Capo third fret

Intro

| A | Em7 | D | A |

| A | E | G | Gmaj7 ‖

Verse 1

```
A                    Em7                  D            A
Just yesterday morning they let me know you were gone,
              E                    G         Gmaj7
Susanne, the plans they made put an end to you.
A                    Em7             D              A
I walked out this morning and I wrote down this song,
              E                  G        Gmaj7
I just can't remember who to send it to.
```

Chorus 1

```
D  A/C♯     Bm7    D/E    A
  I've seen fire and I've seen rain,
        D      A/C♯      Bm7       D/E  A
I've seen sunny days that I thought would never end.
        D        A/C♯      Bm7      D/E   A
I've seen lonely times when I could not find a friend,
    G        D/F♯        D/E       A9sus4
But I always thought that I'd see you again.
```

Verse 2

```
              A                   Em7
Won't you look down upon me, Jesus?
            D               A
You've got to help me make a stand,
                E                G        Gmaj7
You've just got to see me through another day.
A             Em7            D          A
  My body's aching and my time is at hand
        E        G       Gmaj7
I won't make it any other way.
```

Chorus 2   As Chorus 1

            A   **Em7**

Verse 3   Been walking my mind to an easy time,

         D   **A**

My back turned towards the sun.

                         E

Lord knows when the cold wind blows

         G   **Gmaj7**

It'll turn your head around.

               A   **Em7**

Well, there's hours of time on the telephone line

         D   **A**

To talk about things to come,

                     E   **G**   **Gmaj7**

Sweet dreams and flying machines in pieces on the ground.

         D   **A/C♯**   **Bm7**   **D/E**   **A**

Chorus 3   Oh, I've seen fire and I've seen rain,

                D   **A/C♯**   **Bm7**   **D/E** **A**

I've seen sunny days that I thought would never end.

                D   **A/C♯**   **Bm7**   **D/E**   **A**

I've seen lonely times when I could not find a friend,

        G   **D/F♯**   **D/E**

But I al-ways thought that I'd see you, baby,

A9sus4

  One more time again, now.

Thought I'd see you one more time again,

There's just a few things coming my way this time around, now,

Thought I'd see you, thought I'd see you fire and rain, now.   *To fade*

For What It's Worth

Words & Music by Stephen Stills

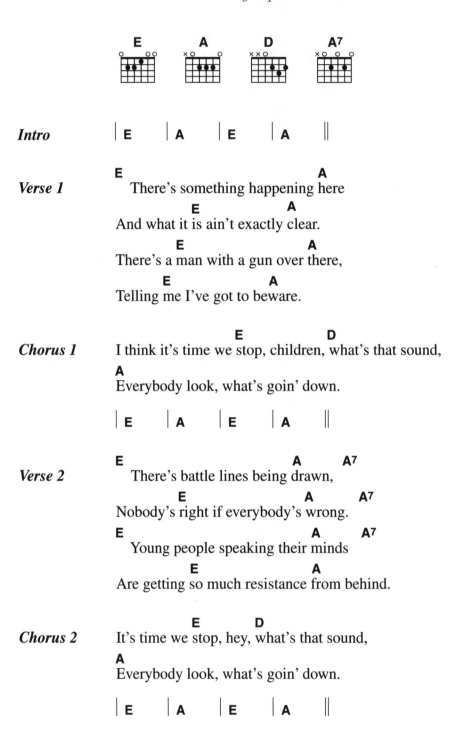

Intro | E | A | E | A ||

Verse 1

    E   A
There's something happening here
               E   A
And what it is ain't exactly clear.
                E   A
There's a man with a gun over there,
          E   A
Telling me I've got to beware.

Chorus 1

                          E   D
I think it's time we stop, children, what's that sound,
A
Everybody look, what's goin' down.

| E | A | E | A ||

Verse 2

    E   A   A⁷
There's battle lines being drawn,
               E   A   A⁷
Nobody's right if everybody's wrong.
E   A   A⁷
    Young people speaking their minds
                E   A
Are getting so much resistance from behind.

Chorus 2

                E   D
It's time we stop, hey, what's that sound,
A
Everybody look, what's goin' down.

| E | A | E | A ||

Verse 3

```
    E                        A    A⁷
      What a field day for the heat,
    E                        A    A⁷
    A thousand people in the street
        E                    A    A⁷
    Singin' songs and carryin' signs,
        E                    A    A⁷
    Mostly say "hooray for our side."
```

Chorus 3

```
                E        D
    It's time we stop, hey, what's that sound,
    A
    Everybody look, what's goin' down.
```

| E | A | E | A | ‖

Verse 4

```
    E                A    A⁷
    Paranoia strikes deep,
    E                    A      A⁷
      Into your life it will creep.
        E                    A    A⁷
    It starts when you're always afraid,
            E                        A
    Step outta line, the man come and take you away.
```

Chorus 4

```
            E        D
    We better stop, hey, what's that sound,
    A
    Everybody look, what's goin' .
            E        D
    You better stop, hey, what's that sound,
    A
    Everybody look, what's goin' .
            E        D
    You better stop, now, what's that sound,
    A
    Everybody look, what's goin' .
                E            D
    We better stop, children, what's that sound,
    A
    Everybody look, what's goin' down.
```

| E | D | A | A | ‖

Fade out

Gaye

Words & Music by Clifford T. Ward

Capo fifth fret

Intro ‖: G | Gmaj7/D | Cadd9 | Gmaj7/D :‖

Verse 1

G   Gmaj7/D
Gaye,

Cadd9   Gmaj7/D   G   Gmaj7/D
  Won't you let me have a say

Cadd9   Gmaj7/D G   Gmaj7/D
  In the way you behave,

Cadd9   Gmaj7/D   G
  I won't last another day

  Gmaj7/D Cadd9 Gmaj7/D G
If you   decide   to go away.

| Gmaj7/D | Cadd9 | Gmaj7/D ‖

Chorus 1

C6   C6/B Am7 G
  You're the tray of nice things

   C D   G   Gmaj7/D
I upset yesterday,

C6   C6/B Am7 G
  The display of bright rings

   C   D   G
I let it slip away.

| Gmaj7/D | Cadd9 | G C | D | C/D   ‖

Verse 2

    G   **Gmaj7/D**
Oh Gaye,

  Cadd9   **Gmaj7/D**   **G**   **Gmaj7/D**
  You allay my every fear

  Cadd9   **Gmaj7/D**   **G**   **Gmaj7/D**
  In a most extraordinary way,

  Cadd9 **Gmaj7/D**   **G**   **Gmaj7/D Cadd9**
  If I thought that I could find my way without you

   Gmaj7/D   **G**
I would not ask you to stay.

  | **Gmaj7/D** | **Cadd9** | **Gmaj7/D** ||

Instrumental ||: **G** | **Gmaj7/D** | **Cadd9** | **G/B** **Am7** :||

Chorus 2

  C6   **C6/B** **Am7** **G**
  You're the tray of nice things

     C **D**   **G**   **Gmaj7/D**
I upset yesterday,

  C6   **C6/B** **Am7** **G**
  The mainstay of my   dreams

       C   **D**   **G**
That I __ let slip away.

| **Gmaj7/D** | **Cadd9** | **G/B** **Am7** | **D** | **D** | **C/D** | **C/D** ||

Verse 3

  G   **Gmaj7/D**
Gaye,

  Cadd9   **Gmaj7/D**   **G**   **Gmaj7/D**
  Won't you let me have a say

  Cadd9   **Gmaj7/D G**   **Gmaj7/D**
  In the way you behave,

  Cadd9   **Gmaj7/D**   **G**
  I won't last another day

  Gmaj7/D **Cadd9** **Gmaj7/D** **G** | **Gmaj7/D** | **Cadd9** |
If you   decide   to go away.

Gmaj7/D   **G** | **Gmaj7/D** | **Cadd9** |
  Don't go away,

Gmaj7/D **G** | **Gmaj7/D** | **Cadd9** |
  Oh, please stay,

Gmaj7/D   **G** | **Gmaj7/D** | **Cadd9** |
  Don't go away,

Gmaj7/D G
  Please stay.

Outro ||: **Gmaj7/D** | **Cadd9** | **Gmaj7/D** | **G**   :|| *Repeat to fade*

Give A Little Bit

Words & Music by Rick Davies & Roger Hodgson

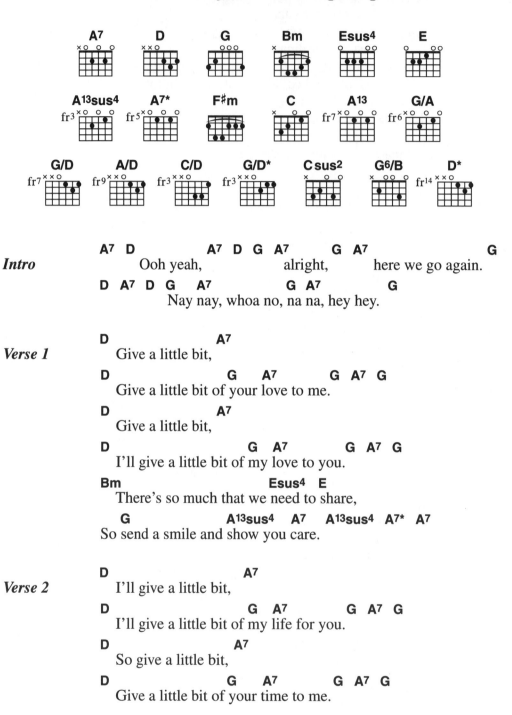

Intro

A7 D	A7 D G A7	G A7	G
Ooh yeah,	alright,	here we go again.	

D A7 D G	A7	G A7	G
Nay nay, whoa no, na na, hey hey.			

Verse 1

D   A7
Give a little bit,

D   G   A7   G A7 G
Give a little bit of your love to me.

D   A7
Give a little bit,

D   G A7   G A7 G
I'll give a little bit of my love to you.

Bm   Esus4 E
There's so much that we need to share,

 G   A13sus4 A7 A13sus4 A7* A7
So send a smile and show you care.

Verse 2

D   A7
I'll give a little bit,

D   G A7   G A7 G
I'll give a little bit of my life for you.

D   A7
So give a little bit,

D   G A7   G A7 G
Give a little bit of your time to me.

cont.

Bm   Esus4 E
See the man with the lonely   eyes,

G   A13sus4 A7   A13sus4 A7*
Oh take his hand, you'll be   surprised.

Bridge

                  F♯m Bm   F♯m Bm   F♯m
Oh, ___ take it,   oh, ___   come along.

G
Yeah, yeah, yeah, yeah.

C   G   A7   A13sus4 A7* A13
Yeah, yeah, yeah, yeah, yeah, yeah.

A7   A13sus4 A7* A13 A7   A13sus4 A7* G/A
Ah, _____ ah. _____

Verse 3

D   A7
Give a little bit,

D   G   A7   G A7 G
Give a little bit of your love to me.

D   A7
Give a little bit,

D   G   A7   G A7 G
I'll give a little bit of my life for you.

Bm   Esus4 E
Now's the time that we need to share,

G   C   G   A7   A13sus4 A7* A13
So find yourself, we're on our way back home.   Oh. ___

Outro

          A7   A13sus4 A7*
Going home,

                            A13   A7   A13sus4
Don't you need, don't you need to feel at home?

A7*   A13
Oh yeah, we gotta sing.

D G/D A/D G/D D   C/D
                   Ooh you gotta get a feeling,

G/D* D   G/D A/D G/D D
Ooh, ___ yeah, come along too.

                  C/D   G/D*   D
You come along too, yeah,   come on, come on, come on, come along.

D G/D A/D G/D D C/D G/D* D
                   Ooh, ___ yeah, come along too.

D G/D A/D G/D D   C/D   G/D* D
                   You come along too, yeah,

C/D G/D* D C/D G/D* D   Csus2   G6/B
Oh, _____ come along too, for a long ride,

            Csus2 G6/B A7   D   G/D A/D G/D D D*
Come a long way,   oh sing it tonight.

57

Guantanamera

Words Adaptated by Julian Orbon from a poem by José Marti
Music Adaptation by Pete Seeger & Julian Orbon

D	Em	A7sus2	A7

Tune guitar from bottom string: D♭, A♭, D♭, G♭, B♭, E♭

Intro

‖: D | D :‖ *Repeat till ready*

Chorus 1

Em   A7sus2 A7
Guantanamera,   Guajira,

D   Em   A7sus2 A7
Guantanamera,

D   Em   A7sus2 A7
Guantanamera,   Guajira,

D   Em   A7
Guantanamera.

Verse 1

      D   Em A7sus2 A7
Yo soy un hombre sincero

        D   Em   A7sus2 A7
De donde crece la palma,

      D   Em A7sus2 A7
Yo soy un hombre sincero

     Em   A7sus2 A7
De donde crece la palma,

      D   Em   A7
Antes de morirme quiero,

        D   Em A7
Hechar mis versos del al - ma.

Chorus 2   As Chorus 1

Verse 2

              D   **Em**   **A7sus2** **A7**
Mi verso es de un verde claro,

              D   **Em**   **A7sus2** **A7**
Y de un carmin encendido,

                 D   **Em** **A7sus2** **A7**
Mis versos es de un verde claro,

            Em   **A7sus2** **A7**
Y de un carmin encendido,

              D   **Em** **A7**
Mi verso es un cierro herido,

                 D   **Em** **A7**
Que busca en el monte amparo.

Chorus 3   As Chorus 1

Link   𝄆 **D** | **D**   𝄇 *Repeat till ready*

Verse 3

              D   **Em**   **A7**
Con los pobres de la tierra,

             D   **Em**   **A7**
Quiero yo mi suerte hechar,

             D   **Em**   **A7**
Con los pobres de la tierra,

            D   **Em**   **A7**
Quiero yo mi suerte hechar,

          D   **Em** **A7**
El arroyo de la sier - ra,

               D   **Em**   **A7**
Me complace mas que el mar.

Chorus 4   As Chorus 1

Chorus 5

Em   **A7sus2** **A7**
Guantanamera,   Guajira,

D   **Em** **A7sus2** **A7**
Guantanamera,

D   **Em** **A7sus2** **A7**
Guantanamera,   Guajira,

D   **Em**   **A7** **D**
Guantanamera.

The Guitar Man

Words & Music by David Gates

G   C   D   Dsus4   Dsus2   Em   Cmaj7   A

Asus4   Bm   Am7   Am   Am(maj7)   G/F#   E   Esus4

Intro

| G   C | D Dsus4 D Dsus2 | G   C | D Dsus4 D Dsus2 ‖

Verse 1

G   C
Who draws the crowd and plays so loud?

        D   Dsus4 D Dsus2 D
Baby, it's the guitar man.

G   C
Who's gonna steal the show?

           D   Dsus4 D
You know, baby, it's the guitar man.

Dsus2 D Em   Cmaj7
He   can make you love, he can make you cry,

    Em   A   Asus4 A
He will bring you down, then he'll get you high.

Cmaj7   Bm
Somethin' keeps him going, miles and miles a day

  Am7   D   Dsus4 D Dsus2 D
To find another place to play.

Verse 2

G   C
Night after night, who treats you right?

     D   Dsus4 D Dsus2 D
Baby, it's the guitar man.

G   C
Who's on the radio?

      D   Dsus4 D
You go listen to the guitar man.

cont.

```
Dsus2  D   Em                    Cmaj7
Then   he  comes to town, and you see his face,
          Em                     A             Asus4 A
And you think you might like to take his place.
Cmaj7                        Bm
Somethin' keeps him drifting miles and miles away
Am7                      D
Searchin' for the songs to play.
```

Bridge 1

```
          Am      Am(maj7)     Am7        D      Dsus4 D
Then you listen to the music and you like to sing along,
     G            G/F#          Em                    E
You want to get the meaning out of each and every song.
          Am      Am(maj7)        Am7
Then you find yourself a message and some words
          D     Dsus4 D                E     Esus4 E Cmaj7
To call your own,        and take them home.
```

Solo

```
| G   C   | D Dsus4 D Dsus2 | G   C   | D Dsus4
```

Verse 3

```
Dsus2  D   Em                    Cmaj7
He     can make you love, he can get you high,
          Em                     A             Asus4 A
He will bring you down, then he'll make you cry.
Cmaj7                        Bm
Somethin' keeps him moving, but no one seems to know
Am7                      D
What it is that makes him go.
```

Bridge 2

```
          Am      Am(maj7)     Am7         D      Dsus4
Then the lights begin to flicker and the sound is getting dim,
     G            G/F#          Em                          E
The voice begins to falter and the crowds are getting thin,
          Am      Am(maj7)        Am7
But he never seems to notice, he's just got to find
     D           E      Esus4 E Cmaj7
Another place to play.
```

Outro

```
          E    Cmaj7  E     Cmaj7
Fade away,   got to play,
          E    Cmaj7  E     Cmaj7
Fade away,   got to play.

‖: E         | Cmaj7   :‖   Repeat to fade
```

Has He Got A Friend For Me

Words & Music by Richard Thompson

Chord diagrams: Bsus2, B, F#m9, F#m, Dsus2/E, D/E, A/C#, D

A, Asus4, E, Bsus4, B7sus2, F#m*, A/E, G

A7sus4, A7sus2, Dmaj7, Esus2, Bm, G/D, Gsus2/D, Gsus4

Capo first fret

Intro | Bsus2 B | F#m9 F#m | Dsus2/E D/E | A/C# ||

Verse 1

    D   **A**   **Asus4** **A**
Saturday night and I am all alone,

    E
No ring on the doorbell,

    Bsus4 B Bsus2   **B7sus2**
No ring   on the phone

    F#m* A/E
And nobody wants to know

D   **G**   **A** **A7sus4** | **A7sus2 A** | **A/C#** ||
Anyone lonely like me.

Verse 2

         D   **Dmaj7**
Your boyfriend's good looking,

    A   **A/C#** **A**
He's got it all there,

    E   **Esus2** **E**
It looks like God made   him

    Bsus4 B   **Bsus2** **B7sus2**
With some - thing to   spare.

    F#m*   **A/E**
You look good together

D   **G**   **A**   **A7sus4** | **A7sus2 A** | **A/C#** ||
Scurrying off down the street.

Chorus 1

      E
Has he got a friend,

      D   **A**   **A⁷sus⁴** | **A⁷sus² A** |
Has he got a friend for   me?

      D
Has he got a friend,

      E   **Bsus² B**
Has he got a friend for me?

| **F♯m⁹ F♯m** | **Dsus²/E D/E** | **A/C♯** ‖

Verse 3

D   **A/C♯**
He's got the haunt of the sea in his eyes

    E   **Bsus² B**   **B⁷sus²**
And he wouldn't notice me passing by,

     F♯m*   **A/E**
I could be in the gutter

      D   **G**   **A**   **Asus⁴** | **A** **E** | **Bm D** | **A** ‖
Or dangling down from a tree.

Verse 4

D   **A**
If he knows someone who's graceful and wise,

E   **B**   **B⁷sus²**
Doesn't mind girls who are clumsy and shy,

   F♯m*   **A/E**
I don't mind going

      D   **G**   **A**   **A⁷sus⁴** | **A⁷sus² A** | **A/C♯** ‖
With someone that I've never seen.

Chorus 2

      E
Has he got a friend,

      D   **A**   **A⁷sus⁴** | **A⁷sus² A** |
Has he got a friend for   me?

      D
Has he got a friend,

      E   **Bsus² B**
Has he got a friend for me?

| **F♯m⁹ F♯m** | **Dsus²/E D/E** | **A/C♯** ‖

Outro | **Esus² E** | **B⁷sus²** | **G/D Gsus²/D** | **G/D G** | **Gsus⁴** ‖

A Hazy Shade Of Winter

Words & Music by Paul Simon

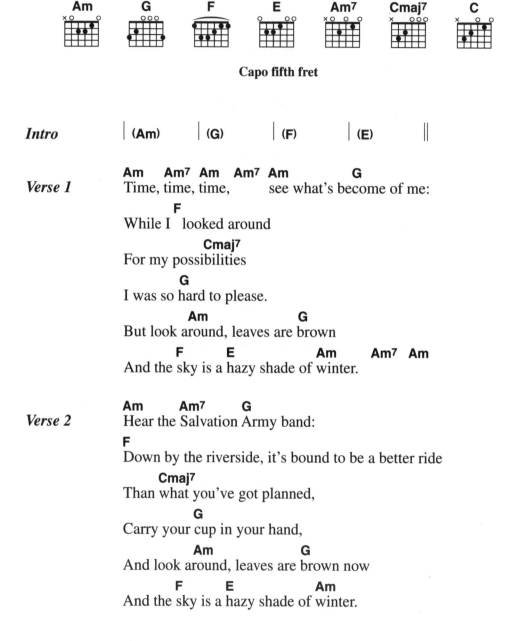

Am   G   F   E   Am7   Cmaj7   C

Capo fifth fret

Intro | (Am) | (G) | (F) | (E) ||

Verse 1
Am   Am7 Am   Am7 Am   G
Time, time, time,   see what's become of me:
        F
While I   looked around
          Cmaj7
For my possibilities
          G
I was so hard to please.
        Am   G
But look around, leaves are brown
        F   E   Am   Am7 Am
And the sky is a hazy shade of winter.

Verse 2
Am   Am7   G
Hear the Salvation Army band:
F
Down by the riverside, it's bound to be a better ride
        Cmaj7
Than what you've got planned,
          G
Carry your cup in your hand,
        Am   G
And look around, leaves are brown now
        F   E   Am
And the sky is a hazy shade of winter.

Verse 3

        G
Hang on to your hopes, my friend,

F
That's an easy thing to say, but if your hopes should pass away

Cmaj⁷
Simply pretend

       G
That you can build them again.

   Am   **G**
Look around, the grass is high,

        F   **E**   **Am**
The fields are ripe, it's the springtime of my life.

Bridge

F   **C**
  Ah, seasons change with the   scenery

         G
Weaving time in a   tapestry,

          Am
Won't you stop and remember me

G
  At any convenient time.

F
Funny how my memory skips while looking over manuscripts

   Cmaj⁷
Of unpublished rhyme,

        G
Drinking my vodka and lime.

     Am   **G**
I look around, leaves are brown now

      F   **E**   **Am**
And the sky is a hazy shade of winter.

Coda

       G   **F**
‖: Look around, leaves are brown,

      E   **Am**
There's a patch of snow on the ground. :‖ *Play 3 times*

Hickory Wind

Words & Music by Gram Parsons & Bob Buchanan

| G | D7 | C | D |

Intro | G | D7 | D7 | C | C | G | G ||

Verse 1

```
G                    D
In South Carolina
C                         G
There are many tall pines.
                    D
I remember the oak trees
C              D        D7
That we used to climb.
                    C
But now when I'm lonesome,
D              G
I always pretend
                    C
That I'm getting the feel
D          G      C
Of hickory wind.
```

Verse 2

```
G                    D
I've started out younger
C              G
At most everything,
                    D
All the riches and pleasures,
C              D        D7
What else can life bring?
                    C
But it makes me feel better
D              G
Each time it begins
                    C
Callin' me home,
D          G    C    G
Hickory wind.
```

Instrumental | G | D | D | C | C | G | G   ‖

Verse 3

G   D   C
   It's a hard way to find   out
              G
That trouble is real.
       D7
In a far away city,
C   D   D7
   With a far away feel,
            C
But it makes me feel better
D   G
   Each time it begins
        C
Callin' me home,
D   G   C   G
   Hickory wind,
          C
Keeps callin' me home,
D   G   C   G
   Hickory wind.

50 Ways To Leave Your Lover

Words & Music by Paul Simon

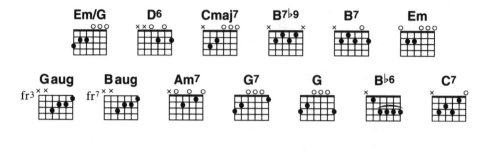

Intro | Drums for 4 bars ||

Verse 1

Em/G   D6   Cmaj7   B7♭9 B7
"The problem is all inside your head", she said to me,

Em   B7   Gaug   Baug
"The answer is easy if you take it logically.

Em/G   D6   Cmaj7   B7♭9
I'd like to help you in your struggle to be free.

    B7   Em Am7   Em
There must be fifty ways to leave your lover."

Verse 2

Em/G   D6   Cmaj7   B7♭9 B7
She said, "It's really not my habit to intrude.

    Em   B7   Gaug   Baug
Furthermore, I hope my meaning won't be lost or misconstrued,

      Em   D6 Cmaj7   Baug
But I'll repeat myself at the risk of being crude:

    B7   Em Am7   Em
There must be fifty ways to leave your lover,

    Am7   Em
Fifty ways to leave your lover."

Chorus 1

         G7
Just slip out the back, Jack,

      B♭6
Make a new plan, Stan,

         C7
You don't need to be coy, Roy,

        G
Just get yourself free.

cont.

      G7
Hop on the bus, Gus,
                B♭6
You don't need to discuss much.
         C7
Just drop off the key, Lee,
        G
And get yourself free.
       G7
Just slip out the back, Jack,
         B♭6
Make a new plan, Stan,
            C7
You don't need to be coy, Roy,
       G
Just listen to me.
      G7
Hop on the bus, Gus,
                B♭6
You don't need to discuss much.
         C7
Just drop off the key, Lee,
        G
And get yourself free.

Verse 3

Em/G   **D6**   **Cmaj7**   **B7♭9** **B7**
  She said, "It grieves me so to see you in such pain.
        Em   **B7**   **Gaug**   **Baug**
I wish there was something I could do to make you smile again."
        Em   **D6**   **Cmaj7**   **B7♭9**
I said, "I appreciate that   and would you please explain
      B7 **Em**   **Am7**   **Em**
About the fifty ways.

Verse 4

Em/G   **D6**   **Cmaj7**   **B7♭9**
  She said, "Why don't we both just sleep on it tonight,
  B7 **Em**   **B7**   **Gaug**   **Baug**
And I believe in the morning you'll begin to see the light."
           Em   **D6**   **Cmaj7**   **Baug**
And then she kissed me, and I realised she probably was right:
      B7   **Em**   **Am7**   **Em**
There must be   fifty ways to leave your lover,
      Am7   **Em**
Fifty ways to leave your lover.

Chorus 2

G7
Just slip out the back, Jack,

B♭6
Make a new plan, Stan,

C7
You don't need to be coy, Roy,

G
Just get yourself free.

G7
Hop on the bus, Gus,

B♭6
You don't need to discuss much.

C7
Just drop off the key, Lee,

G
And get yourself free.

G7
Just slip out the back, Jack,

B♭6
Make a new plan, Stan,

C7
You don't need to be coy, Roy,

G
Just listen to me.

G7
Hop on the bus, Gus,

B♭6
You don't need to discuss much.

C7
Just drop off the key, Lee,

G
And get yourself free.

Coda   ‖: **Drums** :‖   *Repeat to fade*

A Horse With No Name

Words & Music by Dewey Bunnell

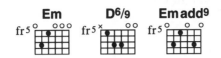

Intro | Em | D⁶/₉ | Em | D⁶/₉ ||

Verse 1

      Em   **D⁶/₉**
On the first part of the journey

      Em   **D⁶/₉**
I was looking at all the life,

          Em   **D⁶/₉**
There were plants and birds and rocks and things,

          Em   **D⁶/₉**
There was sand and hills and rings.

    Emadd⁹   **D⁶/₉**
The first thing I met was a fly with a buzz

      Emadd⁹   **D⁶/₉**
And the sky with no clouds,

    Emadd⁹   **D⁶/₉**
The heat was hot and the ground was dry

      Emadd⁹   **D⁶/₉**
But the air was full of sound.

Chorus 1

    Emadd⁹
I've been through the desert

 D⁶/₉
On a horse with no name,

    Emadd⁹   **D⁶/₉**
It felt good to be out of the rain.

    Emadd⁹   **D⁶/₉**
In the desert you can remember your name

       Emadd⁹   **D⁶/₉**
'Cause there ain't no one for to give you no pain.

Emadd⁹ **D⁶/₉**   **Emadd⁹** **D⁶/₉**
La la   la-a, la la la la la, la la,   la,

Emadd⁹ **D⁶/₉**   **Emadd⁹** **D⁶/₉**
La la   la-a, la la la la la, la la,   la.

Verse 2

       Em add⁹   **D⁶/₉**
After two days in the desert sun

       Em add⁹   **D⁶/₉**
My skin began to turn red.

       Em add⁹   **D⁶/₉**
After three days in the desert fun

       Em add⁹   **D⁶/₉**
I was looking at a river bed,

          Em add⁹   **D⁶/₉**
And the story it told of a river that flowed

          Em add⁹   **D⁶/₉**
Made me sad to think it was dead.

Chorus 2

          Em add⁹
You see I've been through the desert

       D⁶/₉
On a horse with no name,

       Em add⁹   **D⁶/₉**
It felt good to be out of the rain.

       Em add⁹   **D⁶/₉**
In the desert you can remember your name

          Em add⁹   **D⁶/₉**
'Cause there ain't no one for to give you no pain.

       Em add⁹ **D⁶/₉**   **Em add⁹** **D⁶/₉**
La, la la   la-a, la la la la la la, la la,   la,

       Em add⁹ **D⁶/₉**   **Em add⁹** **D⁶/₉**
La, la la   la-a, la la la la la la, la la,   la.

Instrumental   ‖: **Em add⁹** | **D⁶/₉** | **Em add⁹** | **D⁶/₉**   :‖

Verse 3

       Em add⁹   **D⁶/₉**
After nine days I let the horse run free

          Em add⁹   **D⁶/₉**
'Cause the desert had turned to sea,

          Em add⁹   **D⁶/₉**
There were plants and birds and rocks and things,

          Em add⁹   **D⁶/₉**
There was sand and hills and rings.

       Em add⁹   **D⁶/₉**
The ocean is a desert with its life underground

       Em add⁹   **D⁶/₉**
And a perfect disguise above.

          Em add⁹   **D⁶/₉**
Under the cities lies a heart made of ground

       Em add⁹   **D⁶/₉**
But the humans will give no love.

Chorus 3

Emadd9
You see I've been through the desert

D6/9
On a horse with no name,

Emadd9   **D6/9**
It felt good to be out of the rain.

Emadd9   **D6/9**
In the desert you can remember your name

Emadd9   **D6/9**
'Cause there ain't no one for to give you no pain.

Emadd9 D6/9   **Emadd9** **D6/9**
La, la la   la-a, la la la la la, la la,   la,

Emadd9 D6/9   **Emadd9** **D6/9**
La, la la   la-a, la la la la la, la la,   la,

Emadd9 D6/9   **Emadd9** **D6/9**
La, la la   la-a, la la la la la, la la,   la,

Emadd9 D6/9   **Emadd9** **D6/9**
La, la la   la-a, la la la la la, la la,   la.

Emadd9 D6/9   **Emadd9** **D6/9**
‖: La la   la-a, la la la la la, la la,   la,

Emadd9 D6/9   **Emadd9** **D6/9**
La, la la   la-a, la la la la la, la la,   la,   :‖ *Repeat to fade*

I Live For You

Words & Music by George Harrison

A   C#m   F#m   E   Bm

Capo fourth fret

Verse 1

  A   C#m   F#m   A
All alone in this world of mine,
    C#m   F#m   A
Not a care for this world have I.
    C#m   F#m   A
Only you keep my eyes open wide,
      E   F#m
Yes it's true,
      A
I live for you.

Verse 2

  A   C#m   F#m   A
Not a thing in this world do I own,
    C#m   F#m   A
Only sadness of all that is grown.
     C#m   F#m   A
In this darkness I wait for the day,
      E   F#m
Yes it's true,
      A
I live for you.

Bridge 1

| F#m | Bm | A | |

F#m   Bm   A
  For many years I wait,
F#m   Bm   A
  Through many tears I wait.

Verse 3

     A   **C♯m**   **F♯m**   **A**
   All this time my thoughts return to you,

          C♯m   **F♯m**   **A**
Give my love, that is all I can do.

          C♯m   **F♯m**   **A**
Wait in line till I feel you inside,

          E   **F♯m**
Yes it's true,

         A
I live for you.

Solo

| **A** **C♯m** | **F♯m** **A** | **A** **C♯m** | **F♯m** **A** |

| **A** **C♯m** | **F♯m** **A** | **A** **E** | **E** **F♯m** | **A** ‖

Bridge 2

| **F♯m** | **Bm** | **A** |

F♯m   **Bm**   **A**
  For many years I wait,

F♯m   **Bm**   **A**
  Through many tears I wait.

Verse 4

     A   **C♯m**   **F♯m**   **A**
   All this time my thoughts return to you,

          C♯m   **F♯m**   **A**
Give my love, that is all I can do.

          C♯m   **F♯m**   **A**
Wait in line till I feel you inside,

          E   **F♯m**
Yes it's true,

         A
I live for you.

Outro

| **F♯m** | **Bm** | **A** ‖

I Will

Words & Music by John Lennon & Paul McCartney

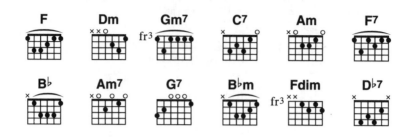

Verse 1

           F   Dm   Gm7   C7
Who knows how long I've loved you?

      F   Dm   Am
You know I love you still,

F7   Bb   C7   Dm   F
Will I wait a lonely lifetime?

          Bb   C7 F   Dm Gm7 C7
If you want me to, I will.

Verse 2

       F Dm Gm7   C7
For if I ever saw you,

      F   Dm   Am
I didn't catch your name.

F7   Bb   C7   Dm   F
But it never really mattered

          Bb   C7   F   F7
I will always feel the same.

Middle

      Bb   Am7 Dm
Love you forever and forever,

Gm7   C7   F F7
Love you with all my heart,

Bb   Am7   Dm
Love you whenever we're together,

G7   C7
Love you when we're apart.

Verse 3

     F   **Dm** **Gm7**   **C7**
And when at last I find you,

      F   **Dm**   **Am**
Your song will fill the air.

F7   **B♭**   **C7**   **Dm**   **B♭m** **F**
Sing it loud so I can hear you,

      B♭   **C7**   **Dm**   **B♭m** **F**
Make it easy to be near you,

      B♭   **C7**
For the things you do

 Dm **B♭m** **F**   **Fdim**
Endear you to me

Gm7   **C7**   **D♭7**
Oh, you know I will,

      F   **F7**
I will. ____

Coda

| **B♭** **Am** | **Dm** | | **Gm7** **C7** | **F** | ‖
Ooo, _____   la. _____

Into The Mystic

Words & Music by Van Morrison

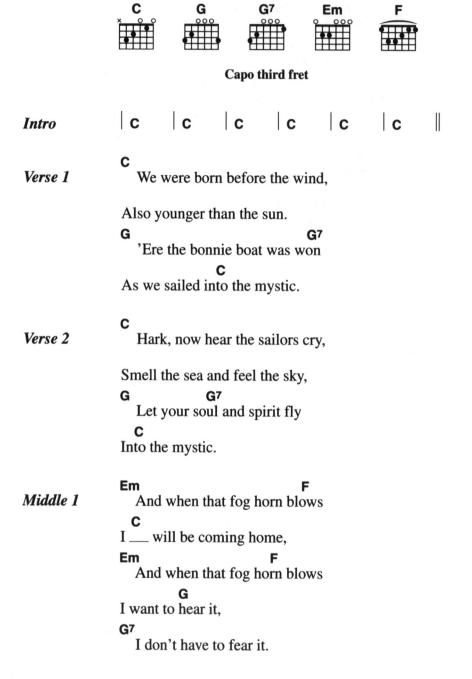

Capo third fret

Intro | C | C | C | C | C | C ||

Verse 1

C
We were born before the wind,

Also younger than the sun.
G   **G7**
'Ere the bonnie boat was won
                    C
As we sailed into the mystic.

Verse 2

C
Hark, now hear the sailors cry,

Smell the sea and feel the sky,
G   **G7**
Let your soul and spirit fly
C
Into the mystic.

Middle 1

Em   **F**
And when that fog horn blows
C
I __ will be coming home,
Em   **F**
And when that fog horn blows
                          G
I want to hear it,
G7
I don't have to fear it.

Verse 3

    C
And I __ want to rock your gypsy soul

Just like way back in the days of old,
G   **G7**
  Then magnificently we will float
    C
Into the mystic.

Instrumental | **C** | **C** | **C** | **C** |

| **G** | **G7** | **C** | **C** ‖

Middle 2

Em   **F**
  And when that fog horn blows
C
  You know I will be coming home,
Em F
  And when that fog horn whistle blows
G
  I got to hear it,
G7
  I don't have to fear it.

Verse 4

    C
And I want to rock your gypsy soul

Just like way back in the days of old,
G   **G7**
  And together we will float
    C
Into the mystic. Come on girl…

Coda | **C** | **C** | **C** | **C** |

| **G** | **G7** | **C** | **C** | **G** | **G7** | **C**
                Too late to stop now.

If You Could Read My Mind

Words & Music by Gordon Lightfoot

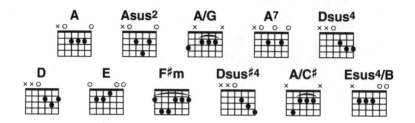

Intro　　| A　　| Asus2 | A　　| Asus2 ‖

Verse 1

A　　　　　　Asus2
　If you could read my mind love,

A/G
　What a tale my thoughts could tell.

A　　　　　　Asus2
　Just like an old time movie

A/G
　About a ghost from a wishing well.

A　　　　　A7　　　Dsus4　　D
　In a castle dark, or a fortress strong

　　　　　E　　　　　　　F#m
With chains upon my feet.

　　　　Dsus#4　　D　　　Asus2　　A
You know that ghost is me

　　　　D　　　　　A/C#
And I will never be set free

　　　　Esus4/B　　　　E　　　　　　　　A　　Asus2
As long as I'm a ghost that you can see.

Verse 2

A   Asus²
If I could read your mind love,

A/G
What a tale your thoughts could tell.

A   Asus²
Just like a paperback novel,

A/G
The kind the drugstore sells.

A   A⁷   Dsus⁴ D
When you reach the part where the heartaches come

  E   F♯m
The hero would be me.

Dsus♯4 D   Asus² A
Heroes often fail.

   D   A/C♯
And you won't read that book again

   Esus⁴/B   E   (A)
Because the ending's just too hard to (take).

Instrumental ‖: A | Asus² | A/G | A/G :‖
    take.

   A A⁷   Dsus⁴ D
Middle I walk away like a movie star

     E   F♯m
Who gets burned in a three way script.

Dsus⁴ D   Asus² A
Enter number two,

   D   A/C♯
A movie queen to play the scene

   Esus⁴/B   E   F♯m
Of bringing all the good things out in me.

    Dsus♯4 D   Asus² A
But for now, love, let's be real.

  D   A/C♯
I never thought I could act this way

    Esus⁴/B   E
And I've got to say that I just don't get it.

D   A/C♯
I don't know where we went wrong

    Esus⁴/B   E   A Asus²
But the feeling's gone and I just can't get it back.

  | A | Asus² ‖

Verse 3

A   **Asus²**
  If you could read my mind love,

A/G
  What a tale my thoughts could tell.

A
  Just like an old time movie

A/G
  About a ghost from a wishing well.

A   **A⁷**   **Dsus⁴**   **D**
  In a castle dark or a fortress strong

        E   **F♯m**
With chains upon my feet.

     Dsus♯4 D   **Asus²** **A**
The story   always ends.

     D   **A/C♯**
And if you read between the lines

     Esus⁴/B   **E**   **F♯m**
You'll know that I'm just trying to understand

     Dsus♯4 D   **Asus² A**
The feelings that you left.

   D   **A/C♯**
I never thought I could feel this way

     Esus⁴/B   **E**
And I've got to say that I just don't get it.

D   **A/C♯**
  I don't know where we went wrong

     Esus⁴/B
But the feeling's gone

     E   **A** **Asus²**
And I just can't get it back.

| **A/G** | **A/G** | **A**   ‖

Just Like A Woman

Words & Music by Bob Dylan

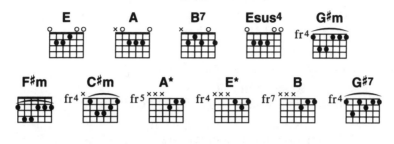

Intro | E   A B7 | E | E   A B7 | E   ‖

Verse 1

      E   A   B7 E Esus4 E
Nobody feels any pain

             A   B7   E   Esus4 E
Tonight as I stand inside the rain,

A   B7   A   B7
Everybody knows that baby's got new clothes

      A G#m F#m E   B7
But late - ly   I   see her ribbons and her bows

        C#m E   A B7
Have fallen from her curls.

Chorus 1

       E G#m F#m E A
She takes just like a woman, yes she does,

       E   G#m F#m E A
She makes love just like a woman, yes she does,

         E G#m F#m E A
And she aches just like a woman,

      B7   E
But she breaks just like a little girl.

Link | A* E* A* B | E*   ‖

Verse 2

      E   A   B7 E   Esus4 E
Queen Mary, she's my friend.

                  A   B7 E   Esus4 E
Yes, I believe I'll go see her again.

 A   B7   A   B7
Nobody has to guess that baby can't be blessed

  A G♯m F♯m E   B7
Till she finally sees   that she's like all the rest

       C♯m   E   A   B7
With her fog, her amphetamine   and her pearls.

Chorus 2

      E   G♯m F♯m E   A
She takes just like   a   woman, yes,

      E   G♯m F♯m E   A
She makes love just   like   a   woman, yes she does,

          E   G♯m F♯m E   A
And she aches just   like   a   woman,

         B7   E
But she breaks just like a little girl.

Link

   | A* E* A* B | E* ||

Bridge

        G♯7
It was raining from the first

And I was dying there of thirst

    E
So I   came in here.

         G♯7
And your   longtime curse hurts

                 A
But what's worse is this pain in here,

B7
  I can't stay in here,

Ain't it clear:

Verse 3

    E A B7 E Esus4 E
That I just can't fit.

         A   **B7** **E**   **Esus4 E**
Yes, I believe it's time for us to quit.

A   **B7** **A**   **B7**
When we meet again, introduced as friends,

A **G#m F#m E B7**
Please don't let on that you knew me when

   C#m   **G#m A B7**
I was hungry and it was your world.

Chorus 3

    E   **G#m F#m E A**
Ah you fake just like a woman, yes you do,

    E   **G#m F#m E A**
You make love just like a woman, yes you do,

      E G#m F#m E A
Then you ache just like a woman,

     B7   **E**
But you break just like a little girl.

Link | **A* E* A* B** | **E***   ‖

Coda | **E** **A B7** | **E** **Esus4 E** | **E** **A B7** | **E** **Esus4 E** |

    | **A** **B7** | **A** **B7** | **A G#m F#m E** | **B7** |

    | **C#m** **E** **A** | **B7** | **E G#m F#m E** | **A** |

    | **E G#m F#m E** | **A** | **E G#m F#m E** | **A** |

    | **B7** | **A* E* A* B** | **E***   ‖

Kangaroo

Words & Music by Alex Chilton

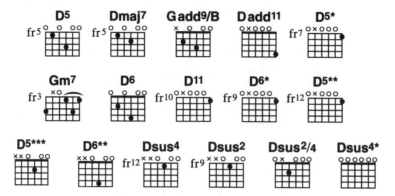

Tune guitar from bottom string: D, A, D, G, A, D

Intro

| D5 Dmaj7 | Gadd9/B | D5   Dmaj7 | Gadd9/B |

| Dadd11 D5* | Dadd11 ||

Verse 1

D5 Dmaj7   Gadd9/B
  I first saw you,

D5   Dmaj7   Gadd9/B
  You had on blue jeans,

D5   Dmaj7   Gadd9/B
  Your eyes couldn't hide

D5 Dmaj7 Gadd9/B
  Any - thing.

Gm7   D6
I saw you breathing, oh,

 D5   Dmaj7 Gadd9/B
I saw you staring out in space.

Link

| D5 Dmaj7 | Gadd9/B Dadd11 D5* | D11 D6* | D5** ||

Verse 2

D5   Dmaj7 Gadd9/B
I next saw   you,

D5   Dmaj7 Gadd9/B
It was at the   party,

D5   Dmaj7 Gadd9/B
Thought you was a   queen,

D5 Dmaj7 Gadd9/B
Oh so   flirty.

Gm7 D6   Gm7
I ____ came against.

Verse 3

D5   Dmaj7 Gadd9/B
Didn't say   excuse,

D5   Dmaj7   Gadd9/B
Knew what I was doing.

D5   Dmaj7 Gadd9/B
We looked very   fine

D5   Dmaj7   Gadd9/B Gm7
As we were leaving,   ooh. _____

Solo

| D5*** D6** | Dsus4 | Dsus2 D5 Dmaj7 | Gadd9/B |

| Gadd9/B Dsus2/4 | Dsus4* | D5*** D6** | Dsus2 Dsus4 | Dsus4* |

Verse 4

D5   Dmaj7 Gadd9/B
Like Saint   Joan,

D5   Dmaj7 Gadd9/B
Doing a cool   jerk,

D5 Dmaj7 Gadd9/B
Oh, I   want you,

D5   Dmaj7 Gadd9/B
Like a kanga - roo.

Outro

| D5 Dmaj7 | D6 | D5 Dmaj7 | D6 |

| D5 Dmaj7 | D6 | D5 |

87

The Letter

Words & Music by Wayne Carson Thompson

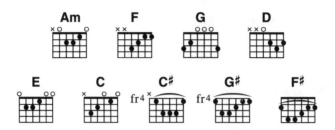

Verse 1

Am   F
Give me a ticket for an aeroplane,
G   D
Ain't got time to take a fast train,
Am   F
Lonely days are gone, I'm a-going home
               E   Am
'Cos my baby just wrote me a letter.

Verse 2

Am   F
I don't care how much money I got to spend,
G   D
Got to get back to my baby again,
Am   F
Lonely days are gone, I'm a-going home
               E   Am
'Cos my baby just wrote me a letter.

Chorus 1

               C   G
Well she wrote me a letter,
               F   C   G
Said she couldn't live without me no more.
C   G
Listen mister, can't you see,
           F   C   G
I've got to get back to my baby once more?
E
      Anyway, yeah,

Verse 3

```
Am                    F
Give me a ticket for an aeroplane,
G                  D
Ain't got time to take a fast train,
Am                    F
Lonely days are gone, I'm a-going home
           E              Am
'Cos my baby just wrote me a letter.
```

Chorus 2

```
             C      G
Well she wrote me a letter,
         F    C    G
Said she couldn't live without me no more.
C         G
Listen mister, can't you see,
    F       C       G
I've got to get back to my baby once more?
E
    Anyway, yeah,
```

Verse 4

```
Am                    F
Give me a ticket for an aeroplane,
G                  D
Ain't got time to take a fast train,
Am                    F
Lonely days are gone, I'm a-going home
           E              Am
'Cos my baby just wrote me a letter,
           E              Am
'Cos my baby just wrote me a letter.
```

Outro   ‖: C♯ G♯ | F♯ C♯ | G♯ | G♯   :‖   *Repeat to fade*

Life Is A Long Song

Words & Music by Ian Anderson

D   C   Asus⁴   A   Asus²   F   G

Capo seventh fret

Intro
| D C | C | D C | C | |
| D | C | D | C Asus⁴ A Asus² ||

Verse 1

  D   C
  When you're falling awake
   D   C Asus⁴ A Asus²
And you take stock of the new day,
  D   C
  And you hear your voice croak
    D   C Asus⁴ A Asus²
As you choke on what you need to say.
 F   C
  Well, don't you fret, don't you fear,
   G   Asus⁴ A Asus²
I will give you good cheer.

Chorus 1

  D   C Asus⁴
Life's a long song,
  D   C Asus⁴
Life's a long song,
  D   C Asus⁴
Life's a long song,
   G   Asus⁴ A Asus²
If you wait then your plate I will fill.

Verse 2

  D   C
  As the verses unfold
    D   C Asus⁴ A Asus²
And your soul suffers the long day,
  D   C   D
  And the twelve o'clock gloom spins the room,
        C Asus⁴ A Asus²
You struggle on your way.

cont.

```
     F                              C
        Well, don't you sigh, don't you cry,
            G                Asus4  A  Asus2
        Lick the dust from your eye.
```

Chorus 2

```
     D                    C      Asus4
     Life's a long song,
     D                    C      Asus4
     Life's a long song,
     D                    C      Asus4
     Life's a long song,
            G                     Asus4  A  Asus2
        We will meet in the sweet light of dawn.
```

Verse 3

```
     D                        C
        As the Baker Street train
             D                    C      Asus4  A  Asus2
        Spills your pain all over your new    dress,
     D                    C          D
        And the symphony sounds underground
                 C    Asus4  A  Asus2
        Put you under duress,
     F                         C
        Well don't you squeal as the heel
     G                Asus4  A  Asus2
     Grinds you under the wheels.
```

Chorus 3

```
     D                    C      Asus4
     Life's a long song,
     D                    C      Asus4
     Life's a long song,
     D                    C      Asus4
     Life's a long song,
            G                     Asus4  A  Asus2
     But the tune ends too soon for us all.
```

Solo

```
‖: D   | C    | D    | C Asus4 A Asus2 :‖
| F    | C    | G    | Asus4  A  Asus2 |
| D    | C    | D    | C    | D    | C    ‖
```

Coda

```
            G                     Asus4  A  Asus2  D
     But the tune ends too soon for us all.
```

Light My Fire

Words & Music by Jim Morrison, Robbie Krieger, Ray Manzarek & John Densmore

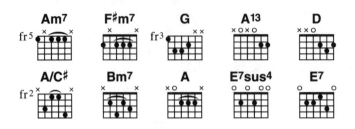

Intro

| Am⁷ | F♯m⁷ | Am⁷ | F♯m⁷ |

| G A¹³ | D A/C♯ Bm⁷ A | G A¹³ |

| D A/C♯ Bm⁷ A | G F♯m⁷ | E⁷sus⁴ | E⁷sus⁴ ‖

Verse 1

     Am⁷   F♯m⁷
You know that it would be untrue,

     Am⁷   F♯m⁷
You know that I would be a liar,

Am⁷   F♯m⁷
If I was to say to you, yeah,

Am⁷   F♯m⁷
  Girl, we couldn't get much higher.

Chorus 1

G   A¹³   D   Bm⁷
Come on baby light my fire,

G   A¹³   D   Bm⁷
Come on baby light my fire,

G   F♯m⁷   E⁷
  Try to set the night on fire.

Verse 2

     Am⁷   F♯m⁷
The time for hesitation's through,

        Am⁷   F♯m⁷
There's no time to wallow in the mire.

Am⁷   F♯m⁷
  Darlin' we could only lose

       Am⁷   F♯m⁷
And our love become a funeral pyre.

Chorus 2   As Chorus 1

Instrumental ‖: Am7 | F♯m7 | Am7 | F♯m7 :‖

            | G A13 | D Bm7 | G A13 | D Bm7 |

            | G F♯m7 | E7 | E7 | ‖

Verse 3

(E7)   **Am7**   **F♯m7**
    Well, you know that it would be untrue,
             Am7   **F♯m7**
And you know that I would be a liar,
     Am7   **F♯m7**
If I was to go and tell you,
    Am7   **F♯m7**
Mamma, we couldn't get much higher.

Chorus 3

          G   **A13**   **D** **Bm7**
‖: Yeah, come on baby light my fire,
G   **A13**   **D**   **Bm7**
Come on baby light my fire,yeah
G   **F♯m7** **E7**
    Try to set the night on fire. :‖   *Repeat to fade with ad lib vocal*

Love And Affection

Words & Music by Joan Armatrading

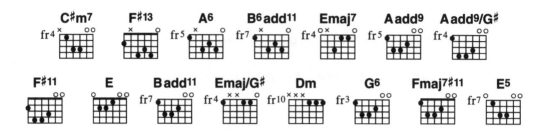

Verse 1

C#m7   F#13   A6   B6add11
    I am not in love

        Emaj7
But I'm open to persuasion.

Aadd9   **Aadd9/G#**   **F#11**   **C#m7**
   East or west,   where's the best   for romancing?

Aadd9   **Aadd9/G#**   **F#11**
   With a friend   I can smile

                 Aadd9
But with a lover I could hold my head back,

               E **Badd11** **Aadd9**
I could really laugh, really laugh.

Verse 2

       C#m7 **F#11**   **Emaj7/G#** **Aadd9**
Thank you,   you took me dancing

         Aadd9/G#   **F#11**
Cross the floor,   cheek to cheek.

               Aadd9
But with a lover I could really move,   really move,

         E   **Badd11**   **Aadd9**
I could really dance,   really dance, really dance,   really dance.

Badd11   **E**   **Badd11**   **Aadd9**
I could really move,   really move, really move,   really move.

Bridge 1

Badd11   **E**   **Badd11**   **Aadd9**
Now, if I can feel the sun in my eyes

           Aadd9/G# **F#11**
And the rain on my face,

       C#m7 **Dm(B♭bass)** **E**   **Emaj7/G#**   **Aadd9**
Why can't I feel _____   love?

Verse 3

Badd11   E   Badd11   Aadd9
I can really love, really love, really love,

          Badd11
Really love, really love,

E   Badd11 Aadd9
Love, love, love, love,   love, love, love, love.

Badd11   E   Emaj7/G♯ Aadd9   Badd11   E Aadd9 Badd11
Now I got all _____ the friends that I want,

E   Badd11 Aadd9   Badd11
I may need more,   but I shall just stick

         E   Badd11 Aadd9 Badd11
To those things that I have got.

Bridge 2

Aadd9   Badd11   Aadd9 (C♯bass)
  With friends I still feel so insecure.

                    Badd11 (D♯bass) Aadd9/E
Little darling, I believe you could help me a lot.

                  Badd11 (F♯bass)   Aadd9/E
Just take my hand and lead me where you will,

           Badd11 (F♯bass)
No conversation, no wave goodnight.

Chorus 1

E   Emaj7/G♯ Aadd9   Badd11 E
  Just make love _____ with affection,

                Emaj7/G♯
Sing me another love song but

Aadd9   Badd11
This time with a little dedication.

      E   Badd11 Aadd9
Sing it, sing it,

             Badd11
You know that's what I like.

E Badd11 Aadd9   Badd11
      Once more with feeling

     G6   F♯11 Fmaj7♯11   E5
Give me love, give me love, give me love,   love.

Sax solo   ‖: E Badd11 | Aadd9 Badd11 :‖ *Play 3 times*

           | G6 | F♯11 | Fmaj7♯11 | E5   ‖

Chorus 2

    E   **Badd11** **Aadd9**   **Badd11**   **E**
Make love _____ with affection,

                        Badd11
Sing me another love song but

Aadd9   **Badd11**
This time with a little dedication.

          E   **Badd11** **Aadd9**
Sing it, sing it,

                     Badd11
You know that's what I like.

E   **Badd11** **Aadd9**   **Badd11** **E**
Lover, oh, ooh,   once more with feeling.

                        Badd11
Sing me another love song but

Aadd9   **Badd11**
This time with a little dedication.

          E   **Badd11** **Aadd9**
Sing it, sing it,

                     Badd11
You know that's what I like.

E   **Badd11** **Aadd9**   **Badd11**
Lover, oh, ooh,   with affection.

E   **Badd11** **Aadd9**   **Badd11**
Oh, ooh,   with a little dedication.

E   **Badd11** **Aadd9**   **Badd11**
Lover, oh, ooh,   once more with feeling.

E   **Badd11** **Aadd9**   **Badd11**
Oh, ooh,   you know that's what I like.

E   **Badd11** **Aadd9** **Badd11** **E**
Lover, oh, ooh,   oh, ooh.

Madame George

Words & Music by Van Morrison

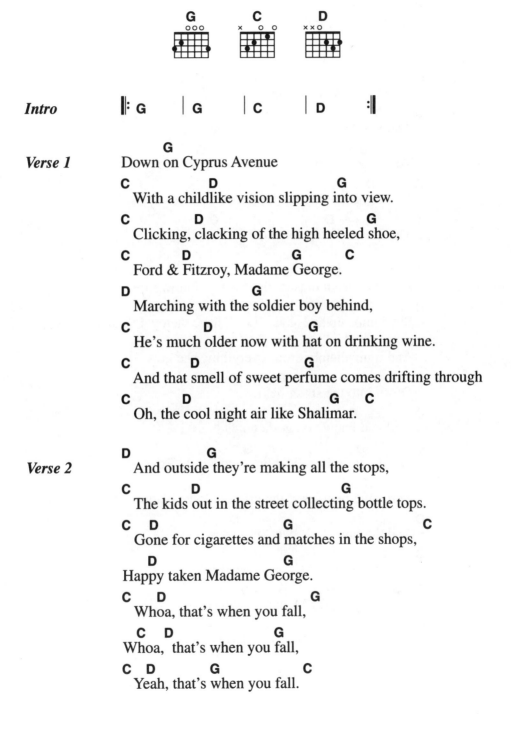

Intro   ‖: G | G | C | D :‖

Verse 1

G
Down on Cyprus Avenue
C   D   G
With a childlike vision slipping into view.
C   D   G
Clicking, clacking of the high heeled shoe,
C   D   G   C
Ford & Fitzroy, Madame George.
D   G
Marching with the soldier boy behind,
C   D   G
He's much older now with hat on drinking wine.
C   D   G
And that smell of sweet perfume comes drifting through
C   D   G   C
Oh, the cool night air like Shalimar.

Verse 2

D   G
And outside they're making all the stops,
C   D   G
The kids out in the street collecting bottle tops.
C D   G   C
Gone for cigarettes and matches in the shops,
   D   G
Happy taken Madame George.
C D   G
Whoa, that's when you fall,
   C   D   G
Whoa, that's when you fall,
C D   G   C
Yeah, that's when you fall.

Verse 3

D   G
When you fall into a trance

C   D   G
A-sitting on a sofa playing games of chance,

C   D   G
With your folded arms and history books you glance

C   D   G   C
Into the eyes of Madame George.

D   G
And you think you found the bag,

C   D   G
You're getting weaker and your knees begin to sag,

C   D   G
In the corner playing dominoes in drag,

C   D   G
The one and only Madame George.

Verse 4

C   D   G
And then from outside the frosty window raps,

C   D   G
She jumps up and says, "Lord, have mercy, I think that it's the cops."

C D   G
And immediately drops everything she gots,

C D   G   C
Down into the street below.

D   G
And you know you gotta go

C   D   G
On that train from Dublin up to Sandy Row,

C   D   G
Throwing pennies at the bridges down below.

C   D   G
And the rain, hail, sleet, and snow,

C   D   G
Say goodbye to Madame George,

C D   G
Dry your eye for Madame George,

C   D   G
Wonder why for Madame George.

C   D   G   C
Whoa.____

Verse 5

```
D       G
And as you leave the room is filled with music,
C             D           G
Laughing, music,  dancing, music  all around the room.
C   D         G
And all the little boys come around,
          C              D G     C
Walking away from it all,   so cold.
D           G
And as you're about to leave
C               D         G            C
She jumps up and says, "Hey love,  you forgot your gloves."
D       G                                          C
And the love that loves the love that loves the love that loves the love,
              D                        G
That loves to love, the love that loves to love, the love that loves,
```

Outro

```
  C     D        G
‖: To say goodbye to Madame George,
C   D         G
Dry your eye for Madame George,
C       D    G
Wonder why for Madame George,
C   D         G
Dry your eye for Madame George. :‖  Repeat to fade with ad lib vocal
```

Maggie May

Words & Music by Rod Stewart & Martin Quittenton

D   Em⁷   G   A   Em   F#m   Asus⁴

Intro

| D | Em⁷ | G | D G |

| D | Em⁷ | G | D G ‖

Verse 1

```
        A              G                    D
Wake up Maggie, I think I got something to say to you,
          A            G                D
It's late September and I really should be back at school.
  G              D
I know I keep you amused
      G           A
But I feel I'm being used,
        Em                        F#m    Em
Oh, Maggie, I couldn't have tried any more.
Asus⁴ Em                A
  You  lured me away from home
          Em               A
Just to save you from being alone,
      Em             A          D
You stole my heart and that's what really hurts.
```

Verse 2

   A   **G**   **D**
The morning sun when it's in your face really shows your age,

   A   **G**   **D**
But that don't worry me none in my eyes you're everything.

 G   **D**
I laughed at all of your jokes,

    G   **A**
My love you didn't need to coax,

    Em   **F♯m**   **Em**
Oh, Maggie, I couldn't have tried any more.

Asus4 Em   **A**
  You lured me away from home,

    Em   **A**
Just to save you from being alone,

    Em   **A**   **G**   **D**
You stole my soul and that's a pain I can do without.

Verse 3

 A   **G**   **D**
All I needed was a friend to lend a guiding hand,

    A   **G**   **D**
But you turned into a lover and, mother, what a lover, you wore me out.

 G   **D**
All you did was wreck my bed

      G   **A**
And in the morning kick me in the head,

    Em   **F♯m**   **Em**
Oh, Maggie, I couldn't have tried anymore.

Asus4 Em   **A**
  You lured me away from home,

       Em   **A**
'Cause you didn't want to be alone,

    Em   **A**   **G**   **D**
You stole my heart, I couldn't leave you if I tried.

Instrumental | **Em7** | **A** | **D** | **G** |

                | **Em7** | **G** | **D** | **D**   ‖

Verse 4
    A   G   D
I suppose I could collect my books and get on back to school,

        A   G   D
Or steal my daddy's cue and make a living out of playing pool.

     G   D
Or find myself a rock and roll band,

      G   A
That needs a helpin' hand,

     Em   F♯m   Em
Oh, Maggie, I wished I'd never seen your face.

Asus⁴   Em   A
  You made a first class fool out of me,

       Em   A
But I'm as blind as a fool can be,

    Em   A   G   D
You stole my heart but I love you anyway.

Instrumental | Em⁷ | A | D | G |

| Em⁷ | G | D | D ‖

| Em⁷ | A | D | G |

| Em⁷ | G |

‖: D | Em⁷ | G | D :‖   *Play five times*

Outro
D   Em⁷   G   D
Maggie I wish I'd never seen your face,

| D | Em⁷ | G | D |

     D   Em⁷ G   D
I'll get on back home   one of these days.

‖: D | Em⁷ | G | D :‖   *Repeat to fade with ad lib vocal*

Magic Bus

Words & Music by Pete Townshend

Capo fourth fret

Intro | Drums | E G | G E D A | E G D |

| E G D | E | E D A | E G D ||

Verse 1

      E   G D   A
Every day I get in the queue
      E   D   A
(Too much, Magic Bus,)
         E   G D   A
To get on the bus that takes me to you,
      E   D   A
(Too much, Magic Bus,)
      E   D A E   D   A
{ I'm so nervous, I just sit and smile
                                 (Too much, Magic Bus,)
        E   D   A
Your house is only another mile.
      E   D
(Too much, Magic Bus.)

Verse 2

         E   G   D
Thank you, driver, for getting me here
      E   D
(Too much, Magic Bus,)
      G E   D   A
You'll be an inspector, have no fear.
      E   D   A
(Too much, Magic Bus.)

cont.

```
E          D     A
I don't want to cause no fuss
E          D    A
(Too much, Magic Bus,)
     E          D    A
But can I buy your Magic Bus?
E          D     A
(Too much, Magic Bus.)
        E
No. ____
```

Instrumental
```
| E      | E      | E  A   | E      | E  G  D ‖
```

Verse 3
```
E               D         A
I don't care how much I pay,
E          D    A
(Too much, Magic Bus,)
        E                   D        A
I wanna drive my Bus to my baby each day.
E          D    A
(Too much, Magic Bus.)

| E  G  D | E  G  D |
E
   I want it, I want it, I want it, I want it..

(You can't have it!)
```

Middle
```
E                              D  E
Thruppence and sixpence every day
                          D  E
Just to drive to my baby,
                        A  D
Thruppence and sixpence each day
A          E    A    D   A  | E  D  A |
'Cause I drive my baby every way,
E          G D
Magic Bus,
E          D A D  E         D A D
Magic Bus,         Magic Bus.
   E       D A D
‖: Magic Bus.          :‖  Play 4 times
E          G D  | E         D A D
Magic Bus.     ‖: Magic Bus.          :‖  Play 3 times
```

104

```
                E           D   A
Verse 4    I said, now I've got my Magic Bus
           E          D      A
           (Too much, Magic Bus,)
                  E           D    A
           I said, now I've got my Magic Bus,
           E          D      A
           (Too much, Magic Bus,)
             E            D       A
           I drive my baby every way,
           E          D      A
           (Too much, Magic Bus,)
               E          D           A
           Each time I go a different way,
           E          D      A
           (Too much, Magic Bus.)
```

```
              E       D    A E     D    A
Outro      I want it, I want it, I want it, I want it,
              E       D    A E     D    A
           I want it, I want it, I want it, I want it,
           E              D      A
           Every day you'll see the dust
           E          D      A
           (Too much, Magic Bus,)
               E
           As I drive my baby in my Magic Bus.
                   D       A
           (Too much, Magic Bus.) Fade out
```

(Marie's The Name) His Latest Flame

Words & Music by Doc Pomus & Mort Shuman

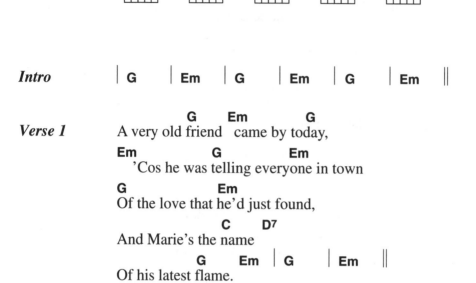

Intro

| G | Em | G | Em | G | Em ‖

Verse 1

             G   **Em**   **G**
A very old friend   came by today,

Em   **G**   **Em**
  'Cos he was telling everyone in town

G   **Em**
Of the love that he'd just found,

             C   **D7**
And Marie's the name

           G   **Em** | **G** | **Em** ‖
Of his latest flame.

Verse 2

             G   **Em**   **G**
He talked and talked   and I heard him say

Em   **G**   **Em**
  That she had the longest, blackest hair,

  G   **Em**
The prettiest green eyes anywhere,

             C   **D7**
And Marie's the name

           G   **Em** | **G** | **Em** ‖
Of his latest flame.

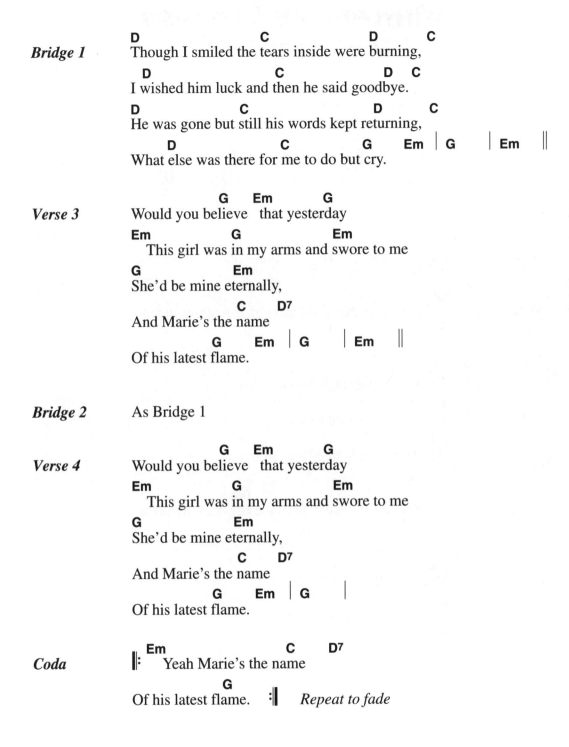

Bridge 1

D   C   D   C
Though I smiled the tears inside were burning,

 D   C   D C
I wished him luck and then he said goodbye.

D   C   D   C
He was gone but still his words kept returning,

 D   C   G Em | G | Em ‖
What else was there for me to do but cry.

Verse 3

        G Em   G
Would you believe that yesterday

Em   G   Em
 This girl was in my arms and swore to me

G   Em
She'd be mine eternally,

        C   D7
And Marie's the name

       G Em | G | Em ‖
Of his latest flame.

Bridge 2   As Bridge 1

Verse 4

        G Em   G
Would you believe that yesterday

Em   G   Em
 This girl was in my arms and swore to me

G   Em
She'd be mine eternally,

        C   D7
And Marie's the name

       G Em | G |
Of his latest flame.

Coda

 ‖: Em   C   D7
  Yeah Marie's the name

       G
Of his latest flame. :‖ *Repeat to fade*

Marrakesh Express

Words & Music by Graham Nash

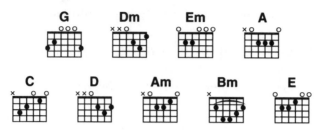

Intro | G | Dm | G | Dm ||

Verse 1
    G   **Dm**
Looking at the world through the sunset in your eyes,
G   **Dm**
Travelling the train through clear Moroccan skies.
Em
Ducks and pigs and chickens call,
A
Animal carpet wall to wall,
  C   **D**
American ladies five-foot tall in blue.

Verse 2
   G   **Dm**
Sweeping cobwebs from the edges of my mind,
G   **Dm**
Had to get away to see what we could find.
Em
Hope the days that lie ahead
A
Bring us back to where they've led,
C   **D**
Listen not to what's been said to you.

Chorus 1

C   G   Am   G
  Wouldn't you know we're riding on the Marrakesh Express,

C   G   Em   A
  Wouldn't you know we're riding on the Marrakesh Express,

     C D G
They're taking me to Marrakesh.

All aboard the train, all aboard the train.

Middle

Bm   G
  I've been saving all my money just to take you there,

E   C
  I smell the garden in your hair.

Verse 3

G   Dm
  Take the train from Casablanca going south,

G   Dm
  Blowing smoke rings from the corners of my m-m-m-m-mouth.

Em
Coloured cottons hang in the air,

A
Charming cobras in the square,

C   D
Striped djellebas we can wear at home.

Well, let me hear ya now:

Chorus 2

C   G   Am   G
  Wouldn't you know we're riding on the Marrakesh Express,

C   G   Em   A
  Wouldn't you know we're riding on the Marrakesh Express,

     C D G
They're taking me to Marrakesh.

C   G   Am   G
  Wouldn't you know we're riding on the Marrakesh Express,

C   G   Em   A
  Wouldn't you know we're riding on the Marrakesh Express,

     C D G
They're taking me to Marrakesh.

All on board the train, all on board the train.

All on board!

‖: G | G   :‖ *Repeat to fade*

Massachusetts

Words & Music by Barry Gibb, Maurice Gibb & Robin Gibb

G   Am   C   D

Intro | G | G | G | G ||

Verse 1

G   Am   C   G
Feel I'm goin' back to Massachusetts,
                Am   C   G
Something's telling me   I must go home.
                           C
And the lights all went out in Massachusetts
         G   D   G   D
The day I left her standing on her own.

Verse 2

G   Am   C   G
Tried to hitch a ride to San Francisco,
          Am   C   G
Gotta do the things I wanna do.
                           C
And the lights all went out in Massachusetts,
         G   D   G   D
They brought me back to see my way with you.

Verse 3

G   Am   C   G
Talk about the life in Massachusetts,
           Am   C   G
Speak about the people I have seen.
                           C
And the lights all went out in Massachusetts
         G   D
And Massachusetts is one place I have (seen.)
G   Am   C   G   Am   C   G
I will remember Massachusetts…
seen.   (I will remember Massachusetts.)
   G   Am   C   G   Am   C   G
||: I will remember Massachusetts…
                   (I will remember Massachusetts.)   :||

Repeat to fade

May You Never

Words & Music by John Martyn

A	G/A	D	G/B	A7	Bmadd11/#5	G/D

Tune bottom string to D
Capo second fret

Chorus 1

    A   G/A D   G/B
And may you never lay your head down
       A7   D
Without a hand to hold;
            Bmadd11/#5   A7   G/D D   G/D D
And may you never make your bed out in the cold. —

Verse 1

             A
You're just like a great and strong brother of mine
        G/D   D   G/D
And you know that I love you true.
D   A
And you never talk dirty behind my back,
       G/D   D   G/D
And I know that there's those that do.
D   A
Oh please won't you, please won't you bear it in mind,
G/B   Bmadd11/#5
Love is a lesson to learn in our time.
A
Now please won't you, please won't you
            G/D   D
Bear it in mind for me.

Chorus 2

    A   G/A D   G/B
And may you never lay your head down
       A7   D
Without a hand to hold;
            Bmadd11/#5   A7   G/D D   G/D
May you never make your bed out in the cold. —

Verse 2

D   A
And you're just like a good and close sister to me,
      G/D   D   G/D
And you know that I love you true.
D   A
And you hold no blade to stab me in my back,
    G/D   D   G/D
And I know that there's some that do.
D A
Oh please won't you, please won't you bear it in mind:
G/B   Bmadd¹¹/#5
Love is a lesson to learn in our time.
A
And please won't you, please won't you
         G/D   D
Bear it in mind for me.

Chorus 3

A   G/A D   G/B
And may you never lay your head down
   A⁷   D
Without a hand to hold;
           Bmadd¹¹/#5   A⁷   G/D D   G/D D
And may you never make your bed out in the cold. _____

Verse 3

         A
You're just like a great and strong brother of mine,
   G/D   D   G/D
You know that I love you true.
D   A
And you never talk dirty behind my back,
    G/D   D   G/D
And I know that there's those that do.
D A
Oh please won't you, please won't you bear it in mind:
G/B   Bmadd¹¹/#5
Love is a lesson to learn in our time.
A
And please won't you, please won't you
         G/D   D
Bear it in mind for me.

Chorus 4

     A   **G/A D**   **G/B**
And may you never lose your temper,

       A^7   **D**
If you get in a bar-room fight,

          Bmadd^{11}/$^{\sharp}$5   **A^7**   **G/D**   **D**
May you never lose your woman overnight.

     A   **G/A D**   **G/B**
May you never lay your head down

       A^7   **G/D** **D**
Without a hand to hold; ___

         Bmadd^{11}/$^{\sharp}$5   **A^7**   **G/D** **D**
And may you never make your bed out in the cold. ___

     A   **G/A D**   **G/B**
And may you never lose your temper

       A^7   **D**
If you get in a bar-room fight,

         Bmadd^{11}/$^{\sharp}$5   **A^7**   **G/D** **D**
May you never lose your woman overnight.

         Bmadd^{11}/$^{\sharp}$5   **A^7**   **G/D**   **D**
And may you never lose your woman over - night,

         Bmadd^{11}/$^{\sharp}$5   **A^7**   **G/D** **D** **G/D** **D**
May you never lose your woman o - vernight. _____

| **G/D** **D** | **G/D** **D** | **G/D** **D** | **G/D** **D** | **D** ‖

No Regrets

Words & Music by Tom Rush

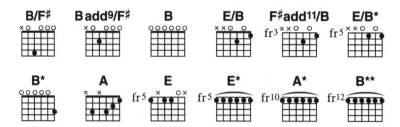

Tune guitar from bottom string: B, F♯, B, F♯, B, D♯

Intro

| B/F♯ | B add9/F♯ | B/F♯ | B add9/F♯ |

| B/F♯ | B add9/F♯ | B E/B | B E/B ‖

Verse 1

    B   E/B   B
I know your leaving is too long overdue

    E/B   F♯add11/B   E/B*   F♯add11/B E/B B*
For far too long I've had   nothing new   to   show to you.

    B   A
Goodbye dry eyes I watched your plane

    E   B
  Fade off west of the moon

    B/F♯   B add9/F♯   B   E/B | B   E/B ‖
And it felt so strange   to walk away alone.

Chorus 1

| B   F♯add11/B   E/B |

    B   F♯add11/B   E/B   B
  There's no regrets,

                F♯add11/B   E/B   B
No tears goodbye,

                   F♯add11/B   E/B   B
I don't want you back

           F♯add11/B   E/B   E*
We'd only cry _____ again,

        A*   B   B**
Say goodbye again.

Verse 2

    B   **E/B**   **B**
The hours that were yours echo like empty rooms,

E/B   **F♯add¹¹/B** **E/B*** **F♯add¹¹/B** **E/B B***
The thoughts we used to   share   I   now keep alone.

                   A
I woke last night and spoke to you

E   **B**
Not thinking you were gone,

B/F♯   **Badd⁹/F♯** **B**   **E/B** | **B**   **E/B** ‖
It felt so strange   to lie awake alone.

Chorus 2

| **B** **F♯add¹¹/B** **E/B** |

B   **F♯add¹¹/B**   **E/B** **B**
   No regrets,

              F♯add¹¹/B   **E/B** **B**
No tears goodbye,

                 F♯add¹¹/B   **E/B**   **B**
I don't want you back

             F♯add¹¹/B   **E/B**   **E***
We'd only cry _____ again,

          A*   **B**   **B*** *Harmonic*
Say goodbye again.

Verse 3

    B   **E/B**   **B**
Our friends have tried to turn my nights to day,

E/B   **F♯add¹¹/B** **E/B***   **F♯add¹¹/B** **E/B B***
 Strange faces in your   place can't keep   the ghosts away.

B   **A**
Just beyond the darkest hour,

E   **B**
 Just behind the dawn,

  B/F♯   **Badd⁹/F♯**   **B**   **E/B** | **B** **E/B** ‖
It still feels so strange   to lead my life alone.

Chorus 3

| **B** **F♯add¹¹/B** **E/B** |

B   **F♯add¹¹/B** **E/B** **B**
  I've no regrets,

               F♯add¹¹/B **E/B** **B**
No tears goodbye,

                 F♯add¹¹/B **E/B** **B**
I don't want you back

             F♯add¹¹/B   **E/B**   **E***
We'd only cry _____ again,

          A*   **B**   **B*** *Harmonic*
Say goodbye again.

Northern Sky

Words & Music by Nick Drake

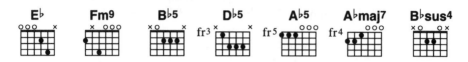

E♭   Fm9   B♭5   D♭5   A♭5   A♭maj7   B♭sus4

Tune guitar to C, G, C, F, C, F
Capo third fret

Intro

‖: E♭ | Fm9 | E♭ | Fm9 :‖

Verse 1

E♭   Fm9
   I never felt magic crazy as this,
E♭   Fm9
   I never saw moons knew the meaning of the sea,
E♭   Fm9
   I never held emotion in the palm of my hand
E♭   Fm9
   Or felt sweet breezes in the top of a tree.
       B♭5
But now you're here,
        D♭5   A♭5   E♭
Brighten my northern sky.

| Fm9 | E♭ | Fm9 ‖

Verse 2

E♭   Fm9
   It's been a long time that I'm waiting,
E♭   Fm9
   Been a long that I'm blown.
E♭   Fm9
   Been a long time that I've wandered
E♭   Fm9
   Through the people I have known.
       B♭5
Oh, if you would, and you could
      D♭5   A♭5   E♭ | Fm9 ‖
Straighten my new mind's eye.

Instrumental | E♭ | Fm9 | E♭ | Fm9 | E♭ Fm9 | E♭ | |

‖: A♭5 A♭maj7 | E♭ :‖ *Play 3 times*

| D♭5 A♭5 | E♭ | D♭5 A♭5 | B♭sus4 | B♭sus4 ‖

Verse 3

E♭   Fm9
Would you love me for my money?
E♭   Fm9
Would you love me for my head?
E♭   Fm9
Would you love me through the winter
E♭   Fm9
Would you love me 'til I'm dead?
      B♭5
Oh, if you would and you could,
           D♭5   A♭5 E♭
Come blow your horn on   high.

| Fm9 | E♭ | Fm9 ‖

Verse 4

E♭   Fm9
I never felt magic crazy as this,
E♭   Fm9
I never saw moons knew the meaning of the sea,
E♭   Fm9
I never held emotion in the palm of my hand,
E♭   Fm9
Or felt sweet breezes in the top of a tree.
         B♭5
But now you're here,
           D♭5 A♭5 E♭
Brighten my northern ____ sky.

| Fm9 | E♭ | Fm9 | E♭ | Fm9 | E♭ Fm9 | E♭

117

Norwegian Wood

Words & Music by John Lennon & Paul McCartney

D Cadd9 G/B Dm G Em7 A

Capo second fret

Intro ‖: D | D | D Cadd9 G/B | D :‖

Verse 1

D
I once had a girl,

Or should I say
Cadd9   G/B D
She once had me?

D
She showed me her room,

Isn't it good,
Cadd9 G/B D
Nor-wegian wood?

Middle 1

　　　　Dm　　　　　　　　　　　　　　　　**G**
She asked me to stay and she told me to sit anywhere.
　　　　Dm　　　　　　　　　　　**Em7**　　**A**
So I looked around and I noticed there wasn't a chair.

Verse 2

D
I sat on a rug

Biding my time,
Cadd9   G/B D
Drinking her wine.

cont.

D
We talked until two,

And then she said,
Cadd⁹   G/B D
"It's time for bed."

Instrumental ‖: **D** | **D** | **D Cadd⁹ G/B** | **D** :‖

              Dm   **G**
Middle 2 She told me she worked in the morning and started to laugh.
      Dm   **Em⁷** **A**
I told her I didn't and crawled off to sleep in the bath.

D
Verse 3 And when I awoke

I was alone,
Cadd⁹   G/B D
This bird had flown.
D
So I lit a fire,

Isn't it good,
Cadd⁹ G/B D
Nor-wegian wood?

Instrumental | **D** | **D** | **D Cadd⁹ G/B** | **D**   ‖

Not Fade Away

Words & Music by Charles Hardin & Norman Petty

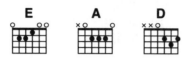

Intro   `| E   A   E | E   A   E | E   A   E | E   A   E ||`

Verse 1

```
E                          A  |A  D  A|
I wanna tell you how it's gonna be,
E                      A   E    |E  A  E|
You're gonna give your love to  me,
E                      A    |A  D  A||
I'm gonna love you night and day.
```

Chorus 1

```
        E                  A E   |E  A  E|
Well, love is love and not fade a - way,
        E                  A E   |E  A  E||
Well, love is love and not fade a - way.
```

Verse 2

```
       E                      A  |A  D  A|
And my love is bigger than a Cadillac,
E                       A E    |E  A  E|
I'll try to show it if you drive me back.
       E                     A   |A  D  A|
Your love for me has got to be real,
      E                   A E    |E  A  E|
Before you'd have noticed how I   feel.
```

Chorus 2

```
E              A E   |E  A  E|
Love real not fade a - way,
      E              A E   |E  A  E|
Well love real not fade a - way,        yeah!
```

Instrumental   `|A   D  A |A   D  A |E   A  E |E   A  E |`

`|A   D  A |A   D  A |E   A  E |E   A  E |E   A  E ||`

Verse 3

```
E                          A    | A    D  A |
I wanna tell you how it's gonna be,
E                      A   E   | E   A  E |
You're gonna give your love to  me,
E                      A    | A    D  A ‖
Love that lasts more than one day.
```

Chorus 3

```
        E                  A  E   | E   A  E |
Well love is love and not fade a - way,
        E                  A  E   | E   A  E |
Well love is love and not fade a - way,
     A               E   | A   E    |
Well love is love and not fade a - way,
     E    A           E   | E A E A E |
Well love is love and not fade a - way,
     A    E    A  E
Not fade away.
           *Fade out*
```

Pink Moon

Words & Music by Nick Drake

Chords: D, Dadd9/11, Gmaj7/D, D5, A, Aadd9/11 (fr7), G (fr5), Gadd9/11 (fr5), Em9, G5/D (fr5)

Tuning (from bottom string): C G C F C E
Capo second fret

Intro

| D Dadd9/11 Gmaj7/D D5 | D Dadd9/11 Gmaj7/D D5 |

| D Dadd9/11 Gmaj7/D D5 | D   D5 ‖

Verse 1

A Aadd9/11   A   Aadd9/11 A D5
   I saw it written and I saw it say,

G Gadd9/11 G   Gadd9/11   G D5
   Pink moon is on its way.

A Aadd9/11   A   Aadd9/11 A   D5
   And none of you stand so   tall,

G Gadd9/11 G   Gadd9/11 G
   Pink moon gonna get you   all.

Chorus 1

D5   D   Dadd9/11
And it's a pink moon,

Gmaj7/D D5 D
Yes,_____ it's a pink moon.

Middle

Em9   D   Dadd9/11 Gmaj7/D D5 | D |
   Pink pink pink pink, pink pink moon.

Em9   D
   Pink pink pink pink, pink pink moon.

Instrumental

‖: D | Em9 | G5/D | D   :‖

Verse 2

A Aadd9/11   **A**   **Aadd9/11 A D5**
    I saw it written and I saw it say,

G Gadd9/11 G   **Gadd9/11**   **G D5**
    Pink moon is on its way.

A Aadd9/11   **A**   **Aadd9/11 A   D5**
    And none of you stand so   tall,

G Gadd9/11 G   **Gadd9/11 G**
    Pink moon gonna get you   all.

Chorus 2

D5   **D**   **Dadd9/11**
And it's a pink moon,

Gmaj7/D D5 D   **Dadd9/11 Gmaj7/D D5**
Yes,_____   it's a pink moon.

Outro
    | **D Dadd9/11 Gmaj7/D D5** | **D**   ‖

Question

Words & Music by Justin Hayward

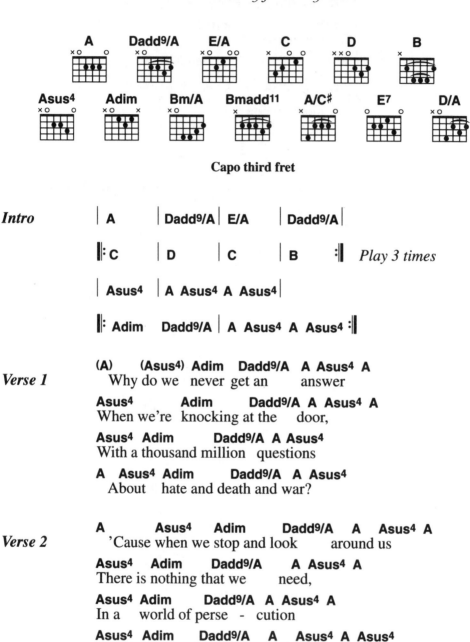

Capo third fret

Intro | A | Dadd⁹/A | E/A | Dadd⁹/A |

‖: C | D | C | B :‖ *Play 3 times*

| Asus⁴ | A Asus⁴ A Asus⁴ |

‖: Adim   Dadd⁹/A | A Asus⁴ A Asus⁴ :‖

Verse 1

(A)   (Asus⁴) Adim   Dadd⁹/A A Asus⁴ A
Why do we never get an   answer

Asus⁴   Adim   Dadd⁹/A A Asus⁴ A
When we're knocking at the   door,

Asus⁴ Adim   Dadd⁹/A A Asus⁴
With a thousand million   questions

A Asus⁴ Adim   Dadd⁹/A A Asus⁴
About   hate and death and war?

Verse 2

A   Asus⁴   Adim   Dadd⁹/A   A   Asus⁴ A
'Cause when we stop and look   around us

Asus⁴ Adim   Dadd⁹/A   A Asus⁴ A
There is nothing that we   need,

Asus⁴ Adim   Dadd⁹/A A Asus⁴ A
In a   world of perse - cution

Asus⁴ Adim   Dadd⁹/A   A   Asus⁴ A Asus⁴
That is burning in its   greed.

Link 1

C D C B
Ahh,_____

C D C B
Ahh._____

Dadd9/A A Asus4 A Asus4
Ahh,_____

𝄆 Adim   Dadd9/A │ A Asus4 A Asus4 𝄇

Verse 3

(A)   (Asus4) Adim   Dadd9/A A Asus4 A
Why do we never get an   answer

Asus4   Adim   Dadd9/A   A Asus4
When we're knocking at the   door?

A   Asus4   Adim   Dadd9/A   A Asus4
Because the truth is hard to   swallow,

A   Asus4   Adim   Dadd9/A   (A)
That's what the war of love is   (for).

Link 2

𝄆 A   │ A Bm/A 𝄇 A   │ A Bm/A │ A   ‖
for.

Middle 1

A   Bmadd11 A/C♯ D   A/C♯
It's not   the   way that you say it

                E7   A
When you do those things to me,

        Bmadd11 A/C♯ D   A/C♯
It's more   the   way that you mean it

                E7   A
When you tell me what will be.

        Bmadd11 A/C♯ D   A/C♯
And when   you   stop and think about it

        E7   A
You won't believe it's true

        Bmadd11 A/C♯ D   A/C♯
That all   the   love you've been giving

        E7   A
Has all been meant for you

Chorus 1

A   D/A A E7   A
I'm looking for someone to change my life,

        E7   A
I'm looking for a miracle in my life.

        Bmadd11 A/C♯ D   A
And if you   could__ see what it's done to me,

                E7
To lose the love I knew,

                    A
Could safely lead me through.

Middle 2

A Bmadd11 A/C♯ D   A/C♯
Between   the   silence of the mountains

            E7   A
And the crashing of the sea,

        Bmadd11 A/C♯ D   A/C♯
There lies   a   land I once lived in

            E7   A
And she's waiting there for me.

        Bmadd11 A/C♯ D   A/C♯
But in   the   grey of the morning

        E7   A
My mind becomes confused,

        Bmadd11 A/C♯ D   A/C♯
Between   the   dead and the sleeping

            E7   A
And the road that I must choose.

Chorus 2

A   D/A A   E7   A   Asus4 A
I'm look-ing for someone to change my life,

                E7   A
I'm looking for a miracle in my life.

            Bmadd11 A/C♯ D   E7
And if you   could__ see what it's done to me,

                A
To lose the love I_ knew,

                Bmadd11 A/C♯ D
Could safely lead   me___ to

                A
The land that I once knew,

                    E7   A
To learn as we grow old the secrets of our soul.

Chorus 3

A   Bmadd11 A/C♯ D   A/C♯
It's not   the   way that you say it

            E7   A
When you do those things to me,

        Bmadd11 A/C♯ D   A/C♯
It's more   the   way you really mean it

            E7   A
When you tell me what will be.

Link 3

A E/A E D/E   C D C B
   Ahh,_____   Ahh.__

C D C B C D C B
Ahh,_____ Ahh._____

Dadd9/A A Asus4 A Asus4
Ahh._____

$\| :$ **Adim   Dadd9/A** $\,|\,$ **A Asus4 A Asus4** $: \|$

Verse 4   As Verse 1

Verse 5   As Verse 2

Link 4

C D C B
Ahh,_____

C D C B
Ahh._____

Dadd9/A A Asus4 A Asus4
Ahh,_____

$\| :$ **Adim   Dadd9/A** $\,|\,$ **A Asus4 A Asus4** $: \|$ *Repeat to fade*

My Sweet Lord

Words & Music by George Harrison

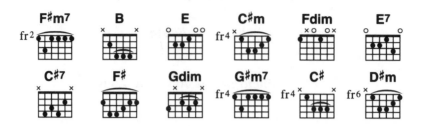

Intro

‖: F♯m7 | B | F♯m7 | B :‖

| E | C♯m | E | C♯m |

| E | Fdim | F♯m7 | B ‖

Chorus 1

(B)   F♯m7
My sweet lord,

B   F♯m7
Mm, my lord,

B   F♯m7
Mm, my lord.

Verse 1

B   E
I really want to see you,

C♯m   E
Really want to be with you.

C♯m   E
Really want to see you, lord,

      Fdim   F♯m7
But it takes so long, my lord.

Chorus 2

B   F♯m7
My sweet lord,

B   F♯m7
Mm, my lord,

B   F♯m7
Mm, my lord.

Verse 2

B   E
I really want to know you,

C♯m   E
Really want to go with you.

C♯m   E
Really want to show you, lord,

      Fdim   F♯m⁷
That it won't take long, my lord.

Chorus 3

           B   F♯m⁷   B
(Hallelujah,) my sweet lord, (hallelujah,)

       F♯m⁷   B
Mm, my lord, (hallelujah,)

       F♯m⁷   B
My sweet lord, (hallelujah.)

Middle

          E
I really want to see you,

         E⁷
Really want to see you.

         C♯⁷
Really want to see you, lord,

         F♯
Really want to see you, lord,

      Gdim   G♯m⁷
But it takes so long, my lord.

Chorus 4

         C♯   G♯m⁷   C♯
(Hallelujah,) my sweet lord, (hallelujah,)

       G♯m⁷   C♯
Mm, my lord, (hallelujah,)

         G♯m⁷   C♯
My, my, my lord, (hallelujah.)

Verse 3

           F♯   D♯m
I really want to know you, (hallelujah,)

         F♯   D♯m
Really want to go with you, (hallelujah.)

         F♯
Really want to show you, lord,

      Gdim   G♯m⁷
That it won't take long, my lord.

Chorus 5

         C♯   G♯m⁷   C♯
(Hallelujah,) mm, (hallelujah,)

       G♯m⁷   C♯
My sweet lord, (hallelujah,)

       G♯m⁷   C♯
My, my lord, (hallelujah.)

Solo | F♯ | D♯m | F♯ | D♯m |

| F♯ | Gdim | G♯m7 | C♯ ‖

Chorus 6
       G♯m7   C♯
Mm, my lord, (hare krishna,)
          G♯m7   C♯
My, my, my lord, (hare krishna.)
           G♯m7   C♯
Oh mm, my sweet lord, (krishna, krishna,)
  G♯m7   C♯
Oh,___ (hare, hare.)

Verse 4
                      F♯   D♯m7
Now, I really want to see you, (hare rama,)
            F♯   D♯m7
Really want to be with you, (hare rama.)
          F♯
Really want to see you, lord,
     Gdim   G♯m7
But it takes so long, my lord,

Outro
         C♯   G♯m7   C♯
(Hallelujah,) mm, my lord, (hallelujah,)
        G♯m7   C♯
My, my, my lord, (hare krishna.)
        G♯m7   C♯
My sweet lord, (hare krishna,)
        G♯m7   C♯
My sweet lord, (krishna krishna.)
    G♯m7   C♯
My lord, (hare hare,)
     G♯m7   C♯
Mm, mm, (Gurur Brahma.)
     G♯m7   C♯
Mm, mm, (Gurur Vishnu,)
     G♯m7   C♯
Mm, mm, (Gurur Devo.)
     G♯m7   C♯
Mm, mm, (Maheshwara,)
        G♯m7   C♯
My sweet lord, (Gurur Sakshaat.)
         G♯m7   C♯
‖: My sweet lord, (Parabrahma,)
        G♯m7   C♯
My, my, my lord, (Tasmayi Shree,)
           G♯m7   C♯
My, my, my, my lord, (Guruve Namah.) :‖ *Repeat ad lib to fade*

Quicksand

Words & Music by David Bowie

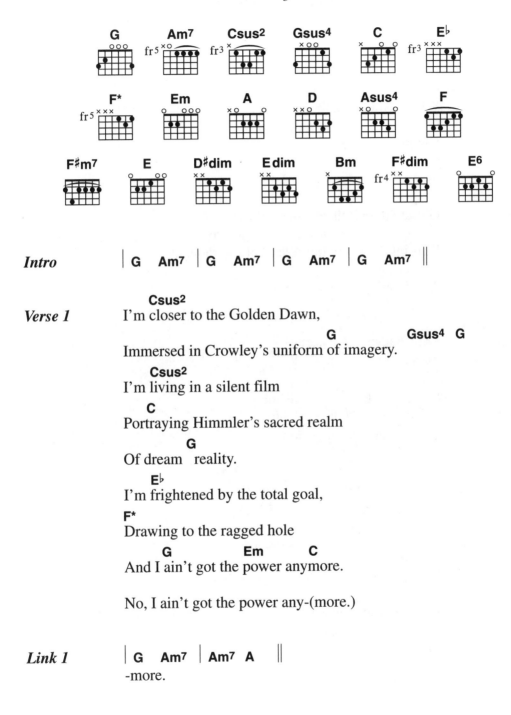

Intro | G   Am7 | G   Am7 | G   Am7 | G   Am7 ||

Verse 1

   Csus2
I'm closer to the Golden Dawn,

                               G   **Gsus4** **G**
Immersed in Crowley's uniform of imagery.

   Csus2
I'm living in a silent film

   C
Portraying Himmler's sacred realm

        G
Of dream   reality.

   Eb
I'm frightened by the total goal,

F*
Drawing to the ragged hole

      G   **Em**   **C**
And I ain't got the power anymore.

No, I ain't got the power any-(more.)

Link 1 | G   Am7 | Am7   A ||
-more.

        D
I'm the twisted name on Garbo's eyes,

                                       A   **Asus4** **A**
Living proof of Churchill's lies, I'm   destiny.

        D
I'm torn between the light and dark

Where others see their targets,

          A   **Asus4** **A**
Divine   symmetry.

F
Should I kiss the viper's fang

      G
Or herald loud the death of Man?

      A   **F#m7**   **Em**   **D**
I'm sinking in the quicksand of my thought

And I ain't got the power any-(more.)

Link 2 | **A** **Asus4** | **A** **Asus4** ||
-more.

              A   **E**   **F** **F#m7**
Chorus 1   Don't believe in yourself,

                 D#dim   **E**
Don't deceive with belief,

                  E dim   **Bm**
Knowledge comes with death's release.

        F#dim **A**   **F#m7** **E6** **E**
Ah, ——— ah, ah. ——————

          D
Verse 3   I'm not a prophet or a stone age man,

Just a mortal with potential of a superman

          A   **Asus4** **A**
I'm   living on.

        D
I'm tethered to the logic of Homo Sapien,

Can't take my eyes from the great salvation

          A   **Asus4** **A**
Of bullshit faith.

cont.

      F
If I don't explain what you ought to know

        G
You can tell me all about it

On the next Bardo.

   A   **F♯m7**   **Em**   **D**
I'm sinking in the quicksand of my thought

And I ain't got the power any-(more.)

Link 3   ‖ **A**   **Asus4** | **A**   **Asus4** ‖
-more.

          A   **E**   **F**   **F♯m7**
Chorus 2   Don't believe in yourself,

              D♯dim   **E**
Don't deceive with belief,

             E dim   **Bm**
Knowledge comes with death's release.

      F♯dim **A**   **F♯m7** **E6** **E**
Ah, _____ ah, ah. _____

          A   **E**   **F**   **F♯m7**
Chorus 3   Don't believe in yourself,

              D♯dim   **E**
Don't deceive with belief,

             E dim   **Bm**
Knowledge comes with death's release.

      F♯dim **A**   **F♯m7** **E6** **E**
Ah, _____ ah, ah. _____

Coda   ‖ **A** **E** | **F♯m7** **D♯dim** | **E** **Edim** | **Bm**   **F♯dim** |

       | **A** **F♯m7** | **E6** **E** ‖

Ring Of Fire

Words & Music by Merle Kilgore & June Carter

A   D   E7

Capo first fret

Verse 1

    A   D   A   D A
Love is a burning thing, _____
                   E7 A   E7 A
And it makes a fir'y ring. _____
           D   A   D A
Bound by wild desires, _____
         E7   A
I fell into a ring of fire.

Chorus 1

E7   D   A
I fell into a burning ring of fire.
       E7
I went down, down, down,
        D   A
And the flames went higher,
E7 A
And it burns, burns, burns,
     E7   A
The ring of fire,
     E7   A
The ring of fire.

Verse 2

E7 A   D   A   D A
The taste of love is sweet, _____
                E7 A   E7 A
When hearts like ours beat. _____
            D   A   D A
I fell for you like a child, _____
         E7   A
Oh, but the fire went wild.

Chorus 2

     E7   **D**   **A**
I fell into a burning ring of fire.

            E7
I went down, down, down,

            D   **A**
And the flames went higher,

E7   **A**
And it burns, burns, burns,

       E7   **A**
The ring of fire,

       E7   **A**
The ring of fire.

E7   **A**
   And it burns, burns, burns,

       E7   **A**
The ring of fire,

       E7   **A**
The ring of fire.

Outro

         E7   **A**
‖: The ring of fire,

    E7   **A**
The ring of fire. :‖ *Repeat to fade*

Ripple

Words & Music by Robert Hunter & Jerry Garcia

G   C   D   Am   A

Intro | G | G | C | C | C | C | C | G |

| G | G | C | C | G | D | C | G ||

Verse 1
G   C
 If my words did glow, with the gold of sunshine
                                                 G
And my tunes were played on the harp unstrung,
                                           C
Would you hear my voice come through the music,
                 G   D   C   G
Would you hold it near as it were your own?

Verse 2
G   C
  It's a hand-me-down, the thoughts are broken,
                                G
Perhaps they're better left unsung.
                            C
I don't know, don't really care
G   D   C   G
Let there be songs   to fill the air.

Chorus 1
Am   D
Ripple in still water,
                  G   C
When there is no pebble tossed,
     A   D
Nor wind to blow.

Verse 3

     D   **G**   **C**
Reach out your hand if your cup be empty,

                         G
If your cup is full may it be again,

                  C
Let it be known, there is a fountain

G   **D**   **C**   **G**
That was not made by the hands of men.

Verse 4

G   **C**
  There is a road, no simple highway,

                      G
Between the dawn and the dark of night,

              C
And if you go, no one may follow,

G   **D** **C**   **G**
That path is for   your steps alone.

Chorus 2

Am   **D**
Ripple in still water,

             G   **C**
When there is no pebble tossed,

    A   **D**
Nor wind to blow.

Verse 5

D   **G**   **C**
  You who choose to lead must follow,

               G
But if you fall you fall alone,

                     C
If you should stand then who's to guide you?

G   **D**   **C**   **G**
If I knew the way I would take you home.

Verse 6

G   **C**
  La dee da da da, la da da da da,

                  G
Da da da, da da, da da da da da,

             C
La da da da, la da da da da,

G   **D** **C**   **G**
La da da da, la da, da da, da

Rock 'N' Roll Suicide

Words & Music by David Bowie

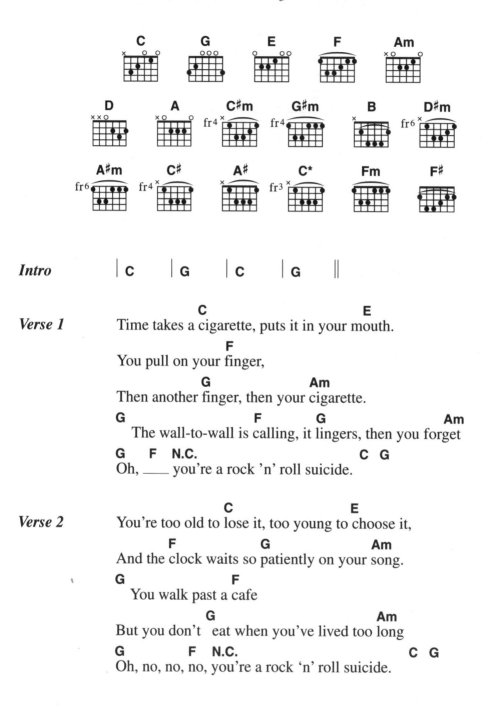

Intro | C | G | C | G   ‖

Verse 1

                 C   E
Time takes a cigarette, puts it in your mouth.

               F
You pull on your finger,

               G   Am
Then another finger, then your cigarette.

G   F   G   Am
   The wall-to-wall is calling, it lingers, then you forget

G   F   N.C.   C   G
Oh, ____ you're a rock 'n' roll suicide.

Verse 2

                 C   E
You're too old to lose it, too young to choose it,

             F   G   Am
And the clock waits so patiently on your song.

G   F
  You walk past a cafe

               G   Am
But you don't eat when you've lived too long

G   F   N.C.   C   G
Oh, no, no, no, you're a rock 'n' roll suicide.

	C E
Bridge	Chev brakes are snarling as you stumble across the road
	F G Am
	But the day breaks instead so you hurry home.
	G F G
	Don't let the sun blast your shadow,
	E Am
	Don't let the milk float ride your mind,
	F D G
	They're so natural, religiously unkind.

	N.C. C
Verse 3	Oh no love, you're not alone,
	A
	You're watching yourself but you're too unfair;
	C
	You got your head all tangled up
	A
	But if I could only make you care.
	C♯m G♯m
	Oh no love, you're not alone,
	B D♯m
	No matter what or who you've been,
	A♯m C♯
	No matter when or where you've seen;
	B D♯m
	All the knives seem to lacerate your brain.
	A♯m C♯
	I've had my share, I'll help you with the pain.
	N.C. A♯ B C*
	You're not alone.

	C♯ A♯ B C
Coda	Just turn on with me and you're not alone,
	C♯ A♯ B C
	Let's turn on and be not alone.
	C♯ A♯ B C
	Gimme your hands 'cause you're wonderful,
	C♯ A♯ B C
	Gimme your hands 'cause you're wonderful,
	C♯ Fm
	Oh gimme your hands.

| C   F♯ | C♯   ‖

San Francisco (Be Sure To Wear Some Flowers In Your Hair)

Words & Music by John Phillips

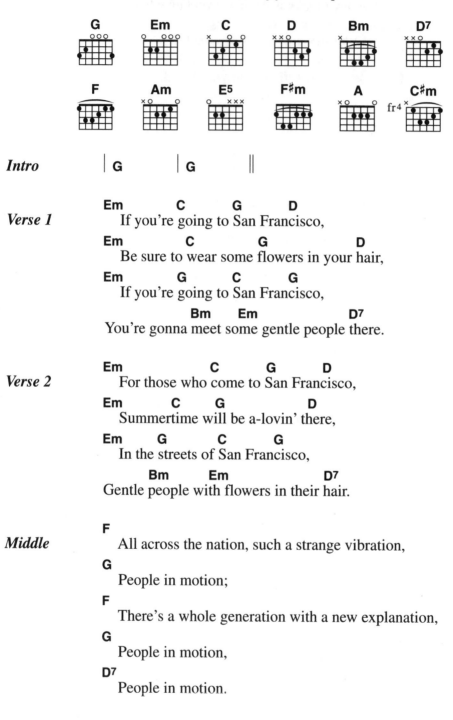

Intro | G | G   ‖

Verse 1

Em   C   G   D
If you're going to San Francisco,

Em   C   G   D
Be sure to wear some flowers in your hair,

Em   G   C   G
If you're going to San Francisco,

          Bm   Em   D7
You're gonna meet some gentle people there.

Verse 2

Em   C   G   D
For those who come to San Francisco,

Em   C   G   D
Summertime will be a-lovin' there,

Em   G   C   G
In the streets of San Francisco,

        Bm   Em   D7
Gentle people with flowers in their hair.

Middle

F
All across the nation, such a strange vibration,

G
People in motion;

F
There's a whole generation with a new explanation,

G
People in motion,

D7
People in motion.

Verse 3

Em   Am   C   G   Bm   D7
For those who come___ to San Fran - cisco,

Em   C   G   D
Be sure to wear some flowers in your hair,

Em   G   C   G
If you come to San Francisco,

      Bm   Em   G
Summertime will be a-lovin' there.

Outro

| E5 | F♯m |

         A   D   A
If you come to San Francisco,

      C♯m   F♯m   A
Summertime will be a-lovin' there.

| A | F♯m | A | D | A   ‖

Fade out

So Long, Marianne

Words & Music by Leonard Cohen

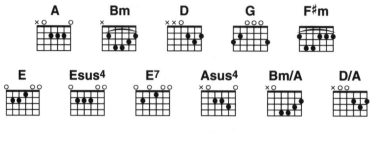

Verse 1

      A   **Bm**
Come over to the window, my little darling,

D   **A**
I'd like to try to read your   palm.

G   **D**
I used to think I was some kind of gypsy boy

F♯m   **E**   **Esus⁴ E E⁷**
Before I let you take me home. _____

Chorus 1

       A   **F♯m**
Now so long, Marianne,   it's time that we began

     E   **Esus⁴ E Esus⁴ E E⁷**
To laugh and cry and cry

     E   **E⁷**   **A**
And laugh about it all again.

| **Asus⁴** | **A** | **Asus⁴** | **A** |

Verse 2

         A   **Bm**
Well you know that I love to live with you,

D   **A**
But you make me forget so very much.

G   **D**
I forget to pray for the angels

                F♯m   **E**   **Esus⁴ E E⁷**
And then the angels forget to pray for us. _____

Chorus 2

      A   **F#m**
Now so long, Marianne,   it's time that we began

     E   **Esus4** **E** **Esus4** **E** **E7**
To laugh and   cry   and   cry

     E   **E7**   **A**
And laugh about it all again.

 | **Asus4** | **A** | **Asus4** | **A** ||

Verse 3

     A   **Bm/A**
We met when we were almost young

D/A   **A**
  Deep in the green lilac park.

G   **D**
  You held on to me like I was a crucifix,

F#m   **E**   **Esus4** **E** **E7**
  As we went kneeling through the dark. _____

Chorus 3   As Chorus 2

Verse 4

     A   **Bm**
Your letters they all say that you're beside me now.

D   **A**
  Then why do I feel alone?

G   **D**
  I'm standing on a ledge and your fine spider web

 F#m   **E**   **Esus4** **E** **E7**
Is fastening my ankle to a stone. _____

Chorus 4   As Chorus 2

Verse 5

     A   **Bm/A**
For now I need your hidden love,

D/A   **A**
  I'm cold as a new razor blade.

G   **D**
  You left when I told you I was curious,

F#m   **E**   **Esus4** **E** **E7**
  I never said that I was brave. _____

Chorus 5   As Chorus 2

Verse 6

```
A                           Bm
Oh, you are really such a pretty one,
    D                                   A
    I see you've gone and changed your   name again.
    G                               D
    And just when I climbed this whole mountainside,
F♯m                 E Esus4    E    E7
    To wash my eye  -  lids in the rain!
```

Chorus 6

```
        A                 F♯m
Now so long, Marianne,   it's time that we began
    E      Esus4 E   Esus4 E   E7
To laugh  and   cry  and   cry
        E      E7     A
And laugh about it all again.
```

```
| Asus4    | A        | Asus4    | A           ‖
```

Solid Air

Words & Music by John Martyn

Bm   Em11   Em9   F#m9

Intro | Bm | Em11 | Bm | Em11 ‖

Verse 1

Bm   Em11
You've been taking your time
               Bm
And you've been living on solid air.
           Em11
You've been walking the line,
       Bm
You've been living on solid air.
 Em9
Don't know what's going wrong inside,
   F#m9
And I can tell you that it's hard to hide
                 Bm Em11 Bm
When you're living on solid   air.

Verse 2

Bm   Em11
You've been painting it blue,
         Bm
You've been looking through solid air.
            Em11
You've been seeing it through
            Bm
And you've been looking through solid air.
 Em9
Don't know what's going wrong in your mind,
   F#m9
And I can tell you don't like what you find,

When you're moving through
Bm   Em11 Bm
Solid air, _____ solid air.

Chorus 1

F#m9
I know you, I love you; and I can be your friend.

Em11   Bm   Em11   Bm
I could follow you   anywhere, even through solid air.

Verse 3

Bm   Em11
You've been stoning it cold,

Bm
You've been living on solid air.

Em11
You've been finding it cold,

Bm
You've been living on solid air.

Em9
I don't know what's going wrong inside,

F#m9
I can tell you that it's hard to hide

When you're living on

Bm   Em11 Bm
Solid air, __ solid air.

Verse 4

Bm   Em11
You've been getting too deep,

Bm
You've been living on solid air.

Em11
You've been missing your sleep

Bm
And you've been moving through solid air.

Em11
I don't know what's going on in your mind;

F#m9   Bm
But I know you don't like what you find

When you're moving through

Em11
Solid air.

Chorus 2

F#m9
I know you, I love you; I'll be your friend.

Em11   Bm   Em11   Bm
I could follow you   anywhere, even through solid air.

146

Verse 5

Bm   Em11
You've been walking your line,

                 Bm
You've been walking on solid air.

                 Em11
You've been taking your time

                    Bm
'Cause you've been walking on solid air.

    Em9
Don't know what's going wrong inside;

       F♯m9
But I can tell you that it's hard to hide

When you're living on
Bm   Em11 Bm
 Solid air,   solid air.

Verse 6

Bm   Em11
 You've been painting it blue,

              Bm
You've been living on solid air.

               Em11
You've been seeing it through

                 Bm
And you've been living on solid air.

     Em9
I don't know what's going on in your mind;

        F♯m9
But I can tell you don't like what you find

When you're living on
Bm   Em11 Bm
 Solid air,   solid air.

Chorus 3

F♯m9
 I know you, I love you; and I'll be your friend,

               Em11   Bm   Em11   Bm
I could follow you   anywhere, even through solid air.

Outro

Em11 Bm   Em11
Ice   blue solid air,

Em11 Bm   Em11 Bm   Em11 Bm Em11
Ice _____ blue   so - lid air. _____

‖: Bm9 | Bm9   :‖ Bm   ‖
Play 3 times

Streets Of London

Words & Music by Ralph McTell

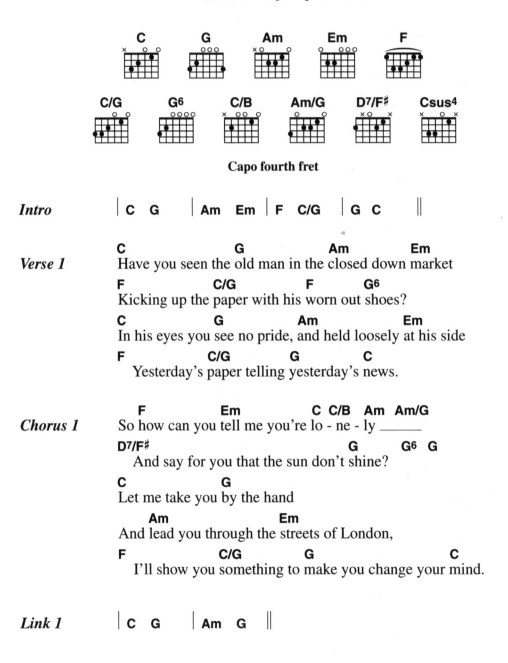

Capo fourth fret

Intro | C G | Am Em | F C/G | G C   ‖

Verse 1

   C   G   Am   Em
Have you seen the old man in the closed down market

F   C/G   F   G^6
Kicking up the paper with his worn out shoes?

C   G   Am   Em
In his eyes you see no pride, and held loosely at his side

F   C/G   G   C
  Yesterday's paper telling yesterday's news.

Chorus 1

   F   Em   C C/B Am Am/G
So how can you tell me you're lo - ne - ly _____

D^7/F$\sharp$ G   G^6 G
  And say for you that the sun don't shine?

C   G
Let me take you by the hand

   Am   Em
And lead you through the streets of London,

F   C/G   G   C
  I'll show you something to make you change your mind.

Link 1 | C G | Am G ‖

Verse 2

  C   G   Am   Em
Have you seen the old girl who walks the streets of London?
F   C/G   F G^6
Dirt in her hair and her clothes in rags,
C   G   Am   Em
She's no time for talking, she just keeps right on walking,
F   C/G   G   C
Carrying her home in two carrier bags.

Chorus 2   As Chorus 1

Link 2 | C G | Am Em | F C/G | G C ||

Verse 3

C   G   Am   Em
In the all-night cafe at a quarter past eleven,
F   C/G   F G^6
Same old man, sitting there on his own;
C   G   Am   Em
Looking at the world over the rim of his tea-cup,
F   C/G   G   C
Each tea lasts an hour, and he wanders home alone.

Chorus 3   As Chorus 1

Link 3 | C G | Am G ||

Verse 4

C   G   Am   Em
Have you seen the old man outside the Seamen's Mission,
F   C/G   F   G
Memory fading with the medal ribbons that he wears?
C   G   Am   Em
In our winter city, the rain cries a little pity
   C   C/G   G   C
For one more forgotten hero and a world that doesn't care.

Chorus 4

    F   Em   C C/B   Am Am/G
So how can you tell me you're lo - nely _____
D7/F♯   G G^6 G
  And say for you that the sun don't shine?
C   G   Am   Em
Let me take you by the hand and lead you through the streets of London
F   C/G   G   Csus4   C
  I'll show you something to make you change your mind.

Strolling Down The Highway

Words & Music by Bert Jansch

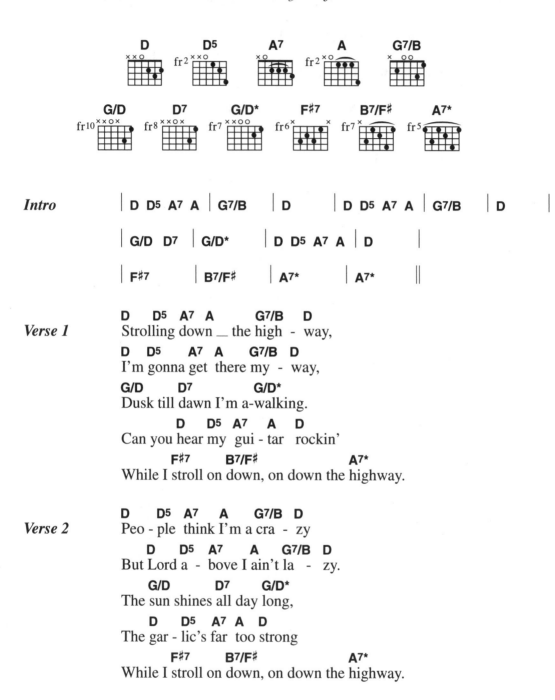

Intro

| D D5 A7 A | G7/B | D | D D5 A7 A | G7/B | D |

| G/D D7 | G/D* | D D5 A7 A | D |

| F#7 | B7/F# | A7* | A7* ||

Verse 1

D D5 A7 A   G7/B D
Strolling down __ the high - way,

D D5   A7 A   G7/B D
I'm gonna get there my - way,

G/D   D7   G/D*
Dusk till dawn I'm a-walking.

        D   D5 A7   A   D
Can you hear my gui - tar rockin'

       F#7   B7/F#   A7*
While I stroll on down, on down the highway.

Verse 2

D   D5 A7   A   G7/B D
Peo - ple think I'm a cra - zy

      D   D5 A7   A   G7/B D
But Lord a - bove I ain't la - zy.

      G/D   D7   G/D*
The sun shines all day long,

      D   D5 A7 A D
The gar - lic's far too strong

        F#7   B7/F#   A7*
While I stroll on down, on down the highway.

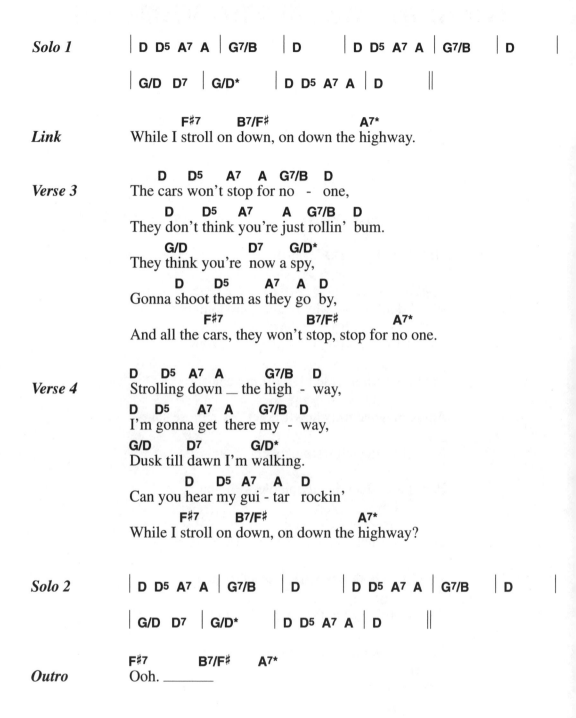

Solo 1 | D D5 A7 A | G7/B | D | D D5 A7 A | G7/B | D |

| G/D D7 | G/D* | D D5 A7 A | D ‖

                F♯7   B7/F♯   A7*

Link   While I stroll on down, on down the highway.

               D   D5   A7   A G7/B D

Verse 3   The cars won't stop for no - one,

               D   D5   A7   A G7/B D

They don't think you're just rollin' bum.

               G/D   D7   G/D*

They think you're now a spy,

                  D   D5   A7   A D

Gonna shoot them as they go by,

                 F♯7   B7/F♯   A7*

And all the cars, they won't stop, stop for no one.

               D   D5 A7 A   G7/B   D

Verse 4   Strolling down __ the high - way,

               D D5   A7 A   G7/B D

I'm gonna get there my - way,

               G/D   D7   G/D*

Dusk till dawn I'm walking.

                    D   D5 A7   A   D

Can you hear my gui - tar   rockin'

                 F♯7   B7/F♯   A7*

While I stroll on down, on down the highway?

Solo 2 | D D5 A7 A | G7/B | D | D D5 A7 A | G7/B | D |

| G/D D7 | G/D* | D D5 A7 A | D ‖

    F♯7   B7/F♯   A7*

Outro   Ooh. _____

Stuck In The Middle With You

Words & Music by Joe Egan & Gerry Rafferty

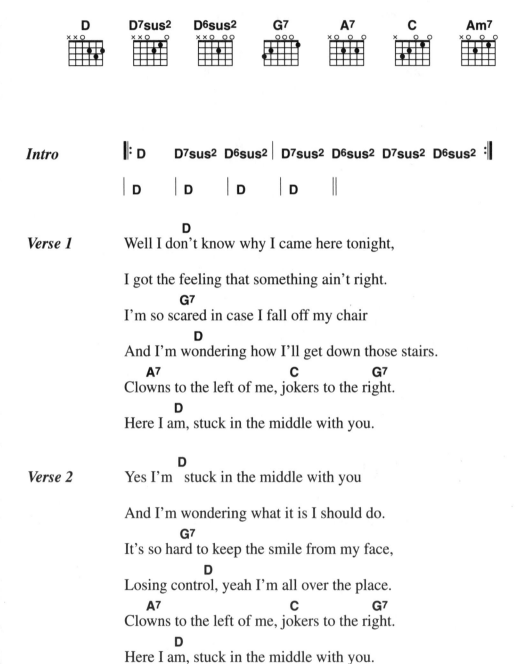

Intro

‖: D   D⁷sus²   D⁶sus² | D⁷sus²   D⁶sus²   D⁷sus²   D⁶sus² :‖

| D | D | D | D   ‖

Verse 1

       D
Well I don't know why I came here tonight,

I got the feeling that something ain't right.
       G⁷
I'm so scared in case I fall off my chair
      D
And I'm wondering how I'll get down those stairs.
   A⁷   **C**   **G⁷**
Clowns to the left of me, jokers to the right.
     D
Here I am, stuck in the middle with you.

Verse 2

     D
Yes I'm   stuck in the middle with you

And I'm wondering what it is I should do.
     G⁷
It's so hard to keep the smile from my face,
      D
Losing control, yeah I'm all over the place.
   A⁷   **C**   **G⁷**
Clowns to the left of me, jokers to the right.
     D
Here I am, stuck in the middle with you.

Middle 1
         G7
Well, you started out with nothing

                            D
And you're proud that you're a self-made man,
     G7
And your friends they all come crawling,

                  D   **Am7**
Slap you on the back and say "Please,— please."

Link 1 | **D** | **D** | **D** | **D**   ‖

Verse 3
         D
Well I'm trying to make some sense of it all

But I can see that it makes no sense at all.
     G7
Is it cool to go to sleep on the floor?
     D
I don't think that I can take anymore.
     A7   **C**   **G7**
Clowns to the left of me, jokers to the right.
     D
Here I am, stuck in the middle with you.

Instrumental | **D** | **D** | **D** | **D** | **G7** | **G7** |

                | **D** | **D** | **A7** | **C G7** | **D** | **D**   ‖

Middle 2   As Middle 1

Link 2   As Link 1

Verse 4   As verse 1

Outro
                D
Guess I'm stuck in the middle with you,

Stuck in the middle with you,

Here I am stuck in the middle with you. | **D**   ‖

Sunday Morning

Words & Music by Lou Reed & John Cale

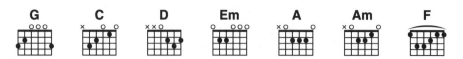

G   C   D   Em   A   Am   F

Tune guitar down approximately one tone

Intro | G | C | G | C ||

Verse 1
G   C   G   C   G
    Sunday morning   brings the dawn in,
D   Em   A   D
It's just a restless feeling by my side,
G   C   G   C   G
    Early dawning   Sunday morning,
D   Em   A   D
It's just the wasted years so close behind.

Chorus 1
G   C   G
    Watch out, the world's behind you,
                    C   Am
There's always someone around you who will call,
              F   D
It's nothing at all.

Verse 2
G   C   G   C   G
    Sunday morning   and I'm falling,
D   Em   A   D
I've got a feeling I don't want to know,
G   C   G   C   G
    Early dawning,   Sunday morning,
D   Em   A   D
It's all the streets you crossed, not so long ago.

Chorus 2
G   C   G
    Watch out, the world's behind you,
                    C   Am
There's always someone around you who will call,
              F   D
It's nothing at all.

Solo | G | C | G | C | G D | Em | A | D

            G   C   G

Chorus 3   Watch out, the world's behind you,

                            C   Am

There's always someone around you who will call,

                  F   D

It's nothing at all.

            G   C

Outro   Sunday morning,

            G   C

      Sunday morning,

            G   C

      Sunday morning,

            G   C

      Sunday morning.   *Fade out*

Take It Easy

Words & Music by Jackson Browne & Glenn Frey

G	C	D⁷sus⁴	D	Em	Am	G⁷

Tune guitar slightly flat

Intro   ‖: G | G | C | D⁷sus⁴ :‖ G | G ‖

Verse 1
                                                      G
Well I'm a-runnin' down the road tryin' to loosen my load,
                        D   **C**
I've got seven women on my mind.
G   **D**
Four that wanna own me, two that wanna stone me,
 C   **G**
One says she's a friend of mine.

Chorus 1
                Em   **C** **G**
Take it easy, take it ea - sy,
                   Am   **C**   **Em**
Don't let the sound of your own wheels drive you crazy.
         C   **G**   **C**   **G**
Lighten up while you still can, don't even try to understand,
         Am   **C**   **G**
Just find a place to make your stand and take it easy.

| G | G ‖

Verse 2
                                    G
Well I'm a-standin' on a corner in Winslow, Arizona,
                     D   **C**
And such a fine sight to see;
G   **D**
It's a girl, my Lord, in a flat-bed Ford,
 C   **G**
Slowin' down to take a look at me.

Chorus 2

Em   D   C   G
Come on, baby,   don't say may - be,

     Am   C   Em
I gotta know if your sweet love is gonna save me.

        C   G   C   G
We may lose and we may win, though we will never be here again,

     Am   C
So open up, I'm climbin' in,

      G
So take it easy.

Instrumental | G | G | G D | C | G | D | C | G |

               | Em | D | C | G | Am | C | Em | Em D ‖

Verse 3

              G
Well, I'm a-runnin' down the road, tryin' to loosen my load,

                        D   Am
Got a world of trouble on my mind.

      G   D
Lookin' for a lover who won't blow my cover,

        C   G
She's so hard to find.

Chorus 3

         Em   C   G
Take it easy, take it ea - sy,

                 Am   C   Em
Don't let the sound of your own wheels make you crazy.

             C G   C   G
Come on, ba - by, don't say may - be,

     Am   C
I gotta know if your sweet love

       G
Is gonna save me.

Outro ‖: C | C | G | G7 :‖ *Play 4 times*
            With vocal ad lib.

           | C | C | Em ‖

Tangled Up In Blue

Words & Music by Bob Dylan

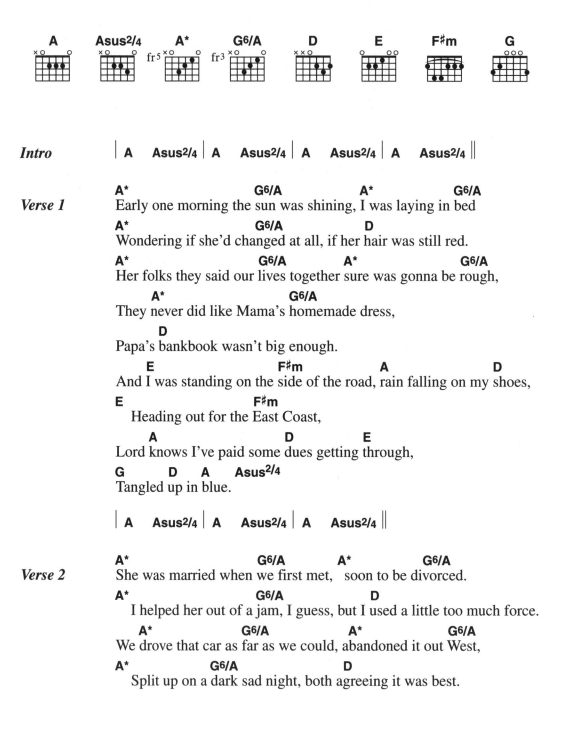

Intro

| A Asus²/4 | A Asus²/4 | A Asus²/4 | A Asus²/4 ||

Verse 1

A*   G⁶/A   A*   G⁶/A
Early one morning the sun was shining, I was laying in bed

A*   G⁶/A   D
Wondering if she'd changed at all, if her hair was still red.

A*   G⁶/A   A*   G⁶/A
Her folks they said our lives together sure was gonna be rough,

      A*   G⁶/A
They never did like Mama's homemade dress,

        D
Papa's bankbook wasn't big enough.

        E   F♯m   A   D
And I was standing on the side of the road, rain falling on my shoes,

E   F♯m
   Heading out for the East Coast,

      A   D   E
Lord knows I've paid some dues getting through,

G   D   A   Asus²/4
Tangled up in blue.

| A Asus²/4 | A Asus²/4 | A Asus²/4 ||

Verse 2

A*   G⁶/A   A*   G⁶/A
She was married when we first met,   soon to be divorced.

A*   G⁶/A   D
   I helped her out of a jam, I guess, but I used a little too much force.

      A*   G⁶/A   A*   G⁶/A
We drove that car as far as we could, abandoned it out West,

A*   G⁶/A   D
   Split up on a dark sad night, both agreeing it was best.

cont.

```
E                        F#m              A              D
She turned around to look at me as I was walking away,
E                        F#m
    I heard her say over my shoulder,
        A                D                    E
"We'll meet again someday on the avenue,"
G       D       A     Asus2/4
Tangled up in blue.
```

| A   Asus2/4 | A   Asus2/4 | A   Asus2/4 ‖

Verse 3

```
A*              G6/A              A*                    G6/A
I had a job in the great north woods working as a cook for a spell,
    A*          G6/A                  D
But I never did like it all that much and one day the axe just fell.
        A*      G6/A                  A*          G6/A
So I drifted down to New Orleans where I happened to be employed
A*                      G6/A              D
Working for a while on a fishing boat right outside of Delacroix.
E               F#m              A                    D
But all the while I was alone, the past was close behind,
E               F#m              A                    D              E
I seen a lot of women but she never escaped my mind, and I just grew
G       D       A     Asus2/4
Tangled up in blue.
```

| A   Asus2/4 | A   Asus2/4 | A   Asus2/4 ‖

Verse 4

```
A*                      G/6A              A*              G6/A
She was working in a topless place and I stopped in for a beer,
    A*              G6/A                  D
I just kept looking at the side of her face in the spotlight so clear.
        A*          G6/A
And later on when the crowd thinned out
        A*              G6/A
I's just about to do the same,
            A*          G6/A
She was standing there in back of my chair,
        D
Said to me, "Don't I know your name?"
E                        F#m
I muttered something underneath my breath,
    A                    D
She studied the lines on my face.
```

cont.

   E   **F♯m**
I must admit I felt a little uneasy
           A   **D**   **E**
When she bent down to tie the laces of my shoe,
G   **D**   **A**   **Asus²/⁴**
Tangled up in blue.

| **A**   **Asus²/⁴** | **A**   **Asus²/⁴** | **A**   **Asus²/⁴** ‖

Verse 5

A*   **G⁶/A**   **A***   **G⁶/A**
She lit a burner on the stove and offered me a pipe.
A*   **G⁶/A**
"I thought you'd never say hello," she said,
       D
"You look like the silent type."
           A*   **G⁶/A**   **A***   **G⁶/A**
Then she opened up a book of poems and handed it to me,
A*   **G⁶/A**   **D**
Written by an Italian poet from the thirteenth century.
      E   **F♯m**
And every one of them words rang true
  A   **D**
And glowed like burning coal,
E   **F♯m**
Pouring off of every page
       A   **D**   **E**
Like it was written in my soul from me to you,
G   **D**   **A**   **Asus²/⁴**
Tangled up in blue.

| **A**   **Asus²/⁴** | **A**   **Asus²/⁴** | **A**   **Asus²/⁴** ‖

Verse 6

   A*   **G⁶/A**
I lived with them on Montague Street
   A*   **G⁶/A**
In a basement down the stairs,
       A*   **G⁶/A**
There was music in the cafés at night
      D
And revolution in the air.
       A*   **G⁶/A**
Then he started into dealing with slaves
     A*   **G⁶/A**
And something inside of him died.
A*   **G⁶/A**   **D**
She had to sell everything she owned and froze up inside.

cont.

     E   F#m   A   D
And when finally the bottom fell out I became withdrawn,

     E   F#m
The only thing I knew how to do

      A   D   E
Was to keep on keeping on like a bird that flew,

G   D   A   Asus$^{2/4}$
Tangled up in blue.

| A   Asus$^{2/4}$ | A   Asus$^{2/4}$ | A   Asus$^{2/4}$ ‖

Verse 7

     A*   G6/A   A*   G6/A
So now I'm going back again, I got to get to her somehow.

A*   G6/A   D
All the people we used to know, they're an illusion to me now.

A*   G6/A A*   G6/A
Some are mathematicians, some are carpenter's wives.

      A*   G6/A
Don't know how it all got started,

         D
I don't know what they're doing with their lives.

     E   F#m   A   D
But me, I'm still on the road heading for another joint.

E   F#m
We always did feel the same,

     A   D   E
We just saw it from a different point of view,

G   D   A   Asus4
Tangled up in blue.

| A   Asus4 | A   Asus4 | A   Asus4 ‖

Coda

‖: A*   G6/A | A*   G6/A | A*   G6/A | D   :‖

| E   F#m | A   D | E   F#m | A   D |

| E | G   D   A ‖

Time In A Bottle

Words & Music by Jim Croce

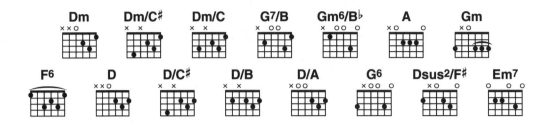

Intro

| Dm | Dm/C# | Dm/C | G7/B |

| Gm6/B♭ | Gm6/B♭ | A | A ‖

Verse 1

    Dm   Dm/C#   Dm/C G7/B
If I could save time in a bottle
    Gm6/B♭   A
The first thing that I'd like to do,
    Dm   Dm/C
Is to save every day
    Gm6/B♭ Gm F6
'Til eternity passes away
    Gm   A
Just to spend them with you.

Verse 2

    Dm   Dm/C#   Dm/C G7/B
If I could make days last forever,
    Gm6/B♭   A
If words could make wishes come true.
    Dm   Dm/C
I'd save every day
    Gm6/B♭   Gm
Like a treasure and then,
    F6   Gm   A
Again, I would spend them with you.

Chorus 1

        D   **D/C♯**
But there never seems to be enough time

      D/B   **D/A**
To do the things you want to do,

         G6 | **Dsus2/F♯** | **Em7** |
Once you find them.

  A   **D**   **D/C♯**
  I've looked around enough to know

      D/B   **D/A**
That you're the one I want to go

        G6 | **Dsus2/F♯** | **Em7** | **A**   ‖
Through time with.

Instrumental | **Dm** | **Dm/C♯** | **Dm/C** | **G7/B** |

           | **Gm6/B♭** | **Gm6/B♭** | **A** | **A**   ‖

Verse 3

      Dm   **Dm/C♯**   **Dm/C** **G7/B**
If I had a box just for wishes

    Gm6/B♭   **A**
And dreams that had never come true.

    Dm   **Dm/C**
The box would be empty

    Gm6/B♭   **Gm**
Except for the memory

    F6   **Gm**   **A**
Of how they were answered by you.

Chorus 2   As Chorus 1

Outro   ‖: **Dm** | **Dm** | **Dm**   :‖ **Dm**   ‖

Two Of Us

Words & Music by John Lennon & Paul McCartney

Intro

| (G) | (G) | G | G ‖

Verse 1

G
Two of us riding nowhere,
                         C   G/B   Am⁷
Spending someone's hard-earned pay.
G
You and me Sunday driving,
                 C   G/B   Am⁷   G
Not arriving on   our   way back home.

Chorus 1

D   C   G
    We're on our way home,
D   C   G
    We're on our way home,
C   G
    We're going home.

Link

| (G) | (G) | G | G ‖

Verse 2

G
Two of us sending postcards,
                 C   G/B   Am⁷
Writing letters on my   wall.
G
You and me burning matches,
                 C   G/B   Am⁷   G
Lifting latches, on   our   way back home.

Chorus 2

  D   C   G
  We're on our way home,

  D   C   G
  We're on our way home,

  C   G
  We're going home.

Bridge 1

B♭   Dm
You and I have memories,

Gm7   Am   D7
Longer than the road that stretches out ahead.

Verse 3

G
Two of us wearing raincoats,

             C G/B Am7
Standing solo in the   sun.

G
You and me chasing paper,

               C G/B Am7   G
Getting nowhere on our   way back home.

Chorus 3

  D   C   G
  We're on our way home,

  D   C   G
  We're on our way home,

  C   G
  We're going home.

Bridge 2

B♭   Dm
You and I have memories,

Gm7   Am   D7
Longer than the road that stretches out ahead.

Verse 4

G
Two of us wearing raincoats,

             C G/B Am7
Standing solo in the   sun.

G
You and me chasing paper,

               C G/B Am7   G
Getting nowhere on our   way back home.

Chorus 4   As Chorus 3

Coda | (G) | (G) ‖: G | G | G | G :‖ *Repeat to fade*

Until It's Time For You To Go

Words & Music by Buffy Sainte-Marie

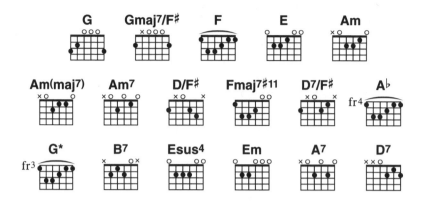

Tune guitar up a semitone

Verse 1

>   **G**   **Gmaj7/F♯**   **F**   **E**
> You're not a dream, you're not an angel, you're a man.
>
>   **Am**   **Am(maj7)**   **Am7**   **D/F♯**
> I'm not a queen, I'm a woman, take my hand.
>
>   **G**   **Gmaj7/F♯**   **Fmaj7♯11** **E**
> We'll make a space in the lives that we'd planned
>
>   **Am7**   **D7/F♯**   **G** **D/F♯**
> And here we'll stay until it's time for you to go.

Verse 2

>   **G**   **Gmaj7/F♯**   **F**   **E**
> Yes we're different, worlds apart, we're not the same.
>
>   **Am**   **Am(maj7)**   **Am7**   **D/F♯**
> We laughed and played at the start, like in a game.
>
>   **G**   **Gmaj7/F♯**   **Fmaj7♯11** **E**
> You could've stayed outside my heart, but in you came
>
>   **Am7**   **D7/F♯**   **G** **A♭**
> And here you'll stay until it's time for you to go.

Bridge 1

> **F**   **G***   **A♭**
> Don't ask why,
>
> **F**   **G***   **B7**
> Don't ask how, ____
>
>   **Esus4** **Em**
> Don't ask forever,
>
> **A7**   **D7**   **D/F♯**
> Love me now.

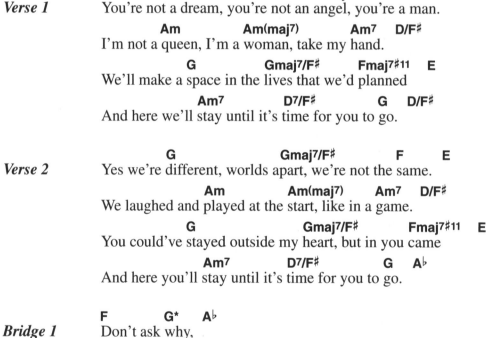

Verse 3

      G   Gmaj7/F♯   Fmaj7♯11 E
This love of mine had no beginning, it has no end,

    Am   Am(maj7)   Am7 D/F♯
I was an oak, now I'm a willow, now I can bend.

         G   Gmaj7/F♯   Fmaj7♯11 E
And though I'll never in my life see you again,

     Am7   D7/F♯   G Gmaj7/F♯ A♭
Still I'll stay until it's time for you to go.

Bridge 2

    F   G*   A♭
Don't ask why of me,

    F   G*   B7
Don't ask how of me, ____

       Esus4 Em
Don't ask forever of me,

  A7   D7 D/F♯
Love me, love me now.

Verse 4

         G   Gmaj7/F♯   F E
You're not a dream, you're not an angel, you're a man.

      Am   Am(maj7)   Am7 D/F♯
I'm not a queen, I'm a woman, take my hand.

       G   Gmaj7/F♯   Fmaj7♯11 E
We'll make a space in the lives that we'd planned

       Am7   D7/F♯   G A♭ F G*
And here we'll stay until it's time for you to go.

Something In The Air

Words & Music by John Keen

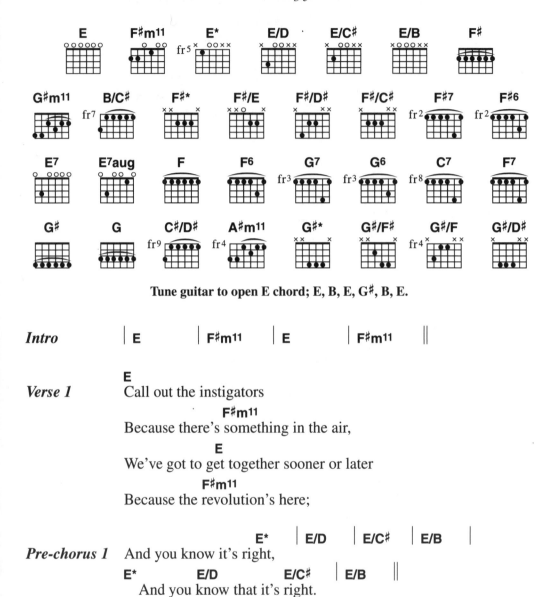

Tune guitar to open E chord; E, B, E, G#, B, E.

Intro | E | F#m11 | E | F#m11 ||

Verse 1

   E

Call out the instigators

       F#m11

Because there's something in the air,

     E

We've got to get together sooner or later

     F#m11

Because the revolution's here;

                     E* | E/D | E/C# | E/B |

Pre-chorus 1   And you know it's right,

E*   E/D   E/C# | E/B ||

   And you know that it's right.

Chorus 1

   F#m11

   We have got to get it together,

                E* | E/D | E/C# | E/B |

We have got to get it together now.

| E* | E/D | E/C# | E/B ||

Link 1 | F♯ | G♯m11 | F♯ | B/C♯   ‖

         F♯

Verse 2   Lock up the streets and houses
                G♯m11
        Because there's something in the air,
             F♯
        We've got to get together sooner or later
           G♯m11
        Because the revolution's here;

                       F♯* | F♯/E | F♯/D♯ | F♯/C♯ |

Pre-chorus 2 And you know it's right,
        F♯*   F♯/E   F♯/D♯   F♯/C♯
         And you know that it's right.

         G♯m11

Chorus 2   We have got to get it together,

        We have got to get it together (now.)

Piano solo | F♯7   F♯ F♯6 | F♯ F♯6 F♯ F♯6 |
         now.

       | E7 E7aug E7 E7aug | E7 E7aug E7 E7aug |

       | F F6 F F6 | F F6 F F6 |

       | G7 | G6 | C7 | F7 | C7 | F7 |

       | F7 | F7 | C7 | G7 | C7 | F7 |

       | C7 | F7 | C7 | G♯ G G♯ G | C7   F7   ‖

Link 2 | G♯ | C♯/D♯ | G♯ | C♯/D♯   ‖

G♯

Verse 3   Hand out the arms and ammo,

        A♯m11

We're going to blast our way through here,

        G♯

We've got to get together sooner or later

        A♯m11

Because the revolution's here;

            G♯* | **G♯/F♯** | **G♯/F** | **G♯/D♯** |

Pre-chorus 3   And you know it's right,

G♯*   **G♯/F♯**   **G♯/F**   **G♯/D♯**

   And you know that it's right.

        A♯m11

Chorus 3   We have got to get it together,

            G♯

We have got to get it together now.

Vincent

Words & Music by Don McLean

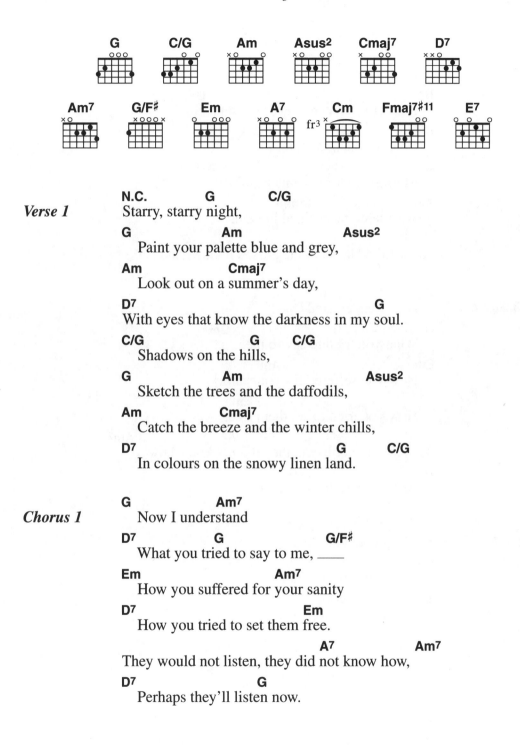

Verse 1

N.C.   G   C/G
Starry, starry night,

G   Am   Asus²
  Paint your palette blue and grey,

Am   Cmaj⁷
  Look out on a summer's day,

D⁷   G
With eyes that know the darkness in my soul.

C/G   G   C/G
  Shadows on the hills,

G   Am   Asus²
  Sketch the trees and the daffodils,

Am   Cmaj⁷
  Catch the breeze and the winter chills,

D⁷   G   C/G
  In colours on the snowy linen land.

Chorus 1

G   Am⁷
  Now I understand

D⁷   G   G/F♯
  What you tried to say to me, ____

Em   Am⁷
  How you suffered for your sanity

D⁷   Em
  How you tried to set them free.

A⁷   Am⁷
They would not listen, they did not know how,

D⁷   G
  Perhaps they'll listen now.

Verse 2

N.C.   **G**   **C/G**
Starry, starry night,

G   **Am**   **Asus²**
Flaming flowers that brightly blaze,

Am   **Cmaj⁷**
Swirling clouds in violet haze,

D⁷   **G**
Reflect in Vincent's eyes of china blue.

C/G   **G**   **C/G**
Colours changing hue,

G   **Am**   **Asus²**
Morning fields of amber grain,

Am   **Cmaj⁷**
Weathered faces lined in pain,

  D⁷   **G**
Are soothed beneath the artist's loving hand.

Chorus 2

G   **Am⁷**
Now I understand

D⁷   **G**   **G/F♯**
What you tried to say to me, ____

Em   **Am⁷**
How you suffered for your sanity

D⁷   **Em**
How you tried to set them free.

          A⁷   **Am⁷**
They would not listen, they did not know how,

D⁷   **G**
Perhaps they'll listen now.

Middle

        Am⁷
For they could not love you,

D⁷   **G**   **G/F♯**
Still your love was true;

Em   **Am**
And when no hope was left inside

       Cm
On that starry, starry night

   G   **Fmaj⁷♯¹¹**   **E⁷**
You took your life as lovers often do;

     Asus²
But I could have told you Vincent

Cmaj⁷   **D⁷**   **G**
This world was never meant for one as beautiful as you.

Verse 3

N.C.   **G**   **C/G**
Starry, starry night,

G   **Am**   **Asus2**
   Portraits hung in empty halls,

Am   **Cmaj7**
   Frameless heads on nameless walls,

D7   **G**
   With eyes that watch the world and can't forget.

                         C/G
Like the strangers that you've met,

G   **Am**   **Asus2**
   The ragged men in ragged clothes,

Am   **Cmaj7**
   The silver thorn of bloody rose,

   D7   **G**
Lie crushed and broken on the virgin snow.

Chorus 3

                Am7   **D7**
Now I think I know ____

               G   **G/F♯**
What you tried to say to me,

Em   **Am7**
   And how you suffered for your sanity,

D7   **Em**
   How you tried to set them free.

                       A7   **Am7**
They would not listen, they're not listening still,

D7   **G**   **C/G**   **G**
Perhaps they never will.

Waterloo Sunset

Words & Music by Ray Davies

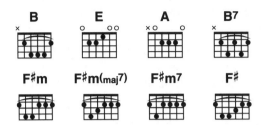

Intro | B | B | B | B | E | B | A | A ‖

Verse 1

A   E   B7
Dirty old river, must you keep rolling

         A
Flowing into the night?

        E   B7
People so busy, make me feel dizzy,

        A
Taxi light shines so bright.

Chorus 1

      F♯m F♯m(maj7)   F♯m7   B
But I don't   need no friends

         E   B
As long as I gaze on Waterloo sunset

        A
I am in paradise.

Bridge 1	A E F♯ B E
	(Sha-la-la) Every day I look at the world from my window.
	A E F♯
	(Sha-la-la) But chilly, chilly is the evening time,
	B
	Waterloo sunset's fine, (Waterloo sunset's fine.)

	E B7
Verse 2	Terry meets Julie, Waterloo Station,
	A
	Every Friday night.
	E B7
	But I am so lazy, don't want to wander,
	A
	I stay at home at night.

	F♯m F♯m(maj7) F♯m7 B
Chorus 2	But I don't feel afraid
	E B
	As long as I gaze on Waterloo sunset
	A
	I am in paradise.

Bridge 2	*As Bridge 1*

	E B7 A
Verse 3	Millions of people swarming like flies 'round Waterloo Underground,
	E B7
	But Terry and Julie cross over the river
	A
	Where they feel safe and sound.

	F♯m F♯m(maj7) F♯m7 B
Chorus 3	And they don't need no friends
	E B
	As long as they gaze on Waterloo sunset
	A
	They are in paradise.

Link	‖ E	B	A ‖

	B7
Coda	Waterloo sunset's fine. *Repeat to fade*

Who Knows Where The Time Goes

Words & Music by Sandy Denny

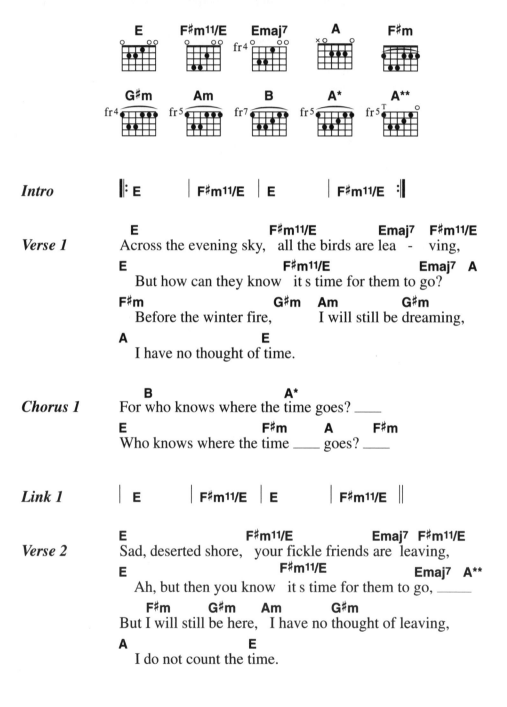

Intro

‖: E | F#m11/E | E | F#m11/E :‖

Verse 1

E   F#m11/E   Emaj7 F#m11/E
Across the evening sky,   all the birds are lea -   ving,

E   F#m11/E   Emaj7 A
But how can they know   it s time for them to go?

F#m   G#m   Am   G#m
Before the winter fire,   I will still be dreaming,

A   E
I have no thought of time.

Chorus 1

B   A*
For who knows where the time goes? ____

E   F#m   A   F#m
Who knows where the time ____ goes? ____

Link 1

| E | F#m11/E | E | F#m11/E ‖

Verse 2

E   F#m11/E   Emaj7 F#m11/E
Sad, deserted shore,   your fickle friends are leaving,

E   F#m11/E   Emaj7 A**
Ah, but then you know it s time for them to go, _____

F#m   G#m   Am   G#m
But I will still be here, I have no thought of leaving,

A   E
I do not count the time.

Chorus 2

B   A*
For who knows where the time goes? ___

E   F♯m   A   F♯m
Who knows where the time ___ goes? ___

Link 2 | E | F♯m¹¹/E | E | F♯m¹¹/E ||

Verse 3

          E   F♯m¹¹/E   Emaj⁷   F♯m¹¹/E
And I am not alone   while my love is near me,

          E   F♯m¹¹/E   Emaj⁷ A**
   I know it will be so   until it's time to go. ___

    F♯m   G♯m
So come the storms of winter

Am   G♯m
   And then the birds in spring again,

A   E
   I have no fear of time

Chorus 3

        B   A*
For who knows how my love grows? ___

        E   F♯m   A   F♯m
And who knows where the time ___ goes? ___

Outro   ‖: E | F♯m¹¹/E | E | F♯m¹¹/E :‖ *Repeat to fade*

Who'll Stop The Rain

Words & Music by John Fogerty

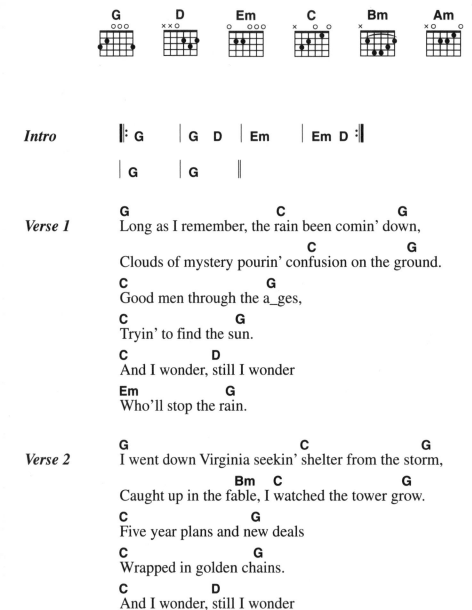

Intro ‖: G | G D | Em | Em D :‖

| G | G | ‖

Verse 1

   G   C   G
Long as I remember, the rain been comin' down,

             C   G
Clouds of mystery pourin' confusion on the ground.

C   G
Good men through the a_ges,

C   G
Tryin' to find the sun.

C   D
And I wonder, still I wonder

Em   G
Who'll stop the rain.

Verse 2

   G   C   G
I went down Virginia seekin' shelter from the storm,

         Bm C   G
Caught up in the fable, I watched the tower grow.

C   G
Five year plans and new deals

C   G
Wrapped in golden chains.

C   D
And I wonder, still I wonder

Em   G
Who'll stop the rain.

Instrumental | G | C G D | D | Am C Em |
| Em   D | G | G   ‖

Verse 3

G   C   G
Heard the singers playin', how we cheered for more.

Bm   C   G
The crowd had rushed together, tryin' to keep warm.

C   G
Still the rain kept pourin',

C   G
Fallin' on my ears.

C   D
And I wonder, still I wonder

Em
Who'll stop the rain.

Outro   ‖: G | G   D | Em | Em   D :‖ *Repeat to fade*

Wild World

Words & Music by Cat Stevens

Intro

      Am   D/F#   G
La la la la, la la la la la, la
            C   F
La la la la, la la la la la, la
            Dm   E   Esus4
La la la la, la la la la la la, la la.

Verse 1

      Am   D/F#   G
Now that I've lost everything to you,
           C   F
You say you wanna start something new
         Dm   E
And it's breakin' my heart you're leavin',
         Esus4
Baby, I'm grievin'.
     Am   D/F#   G
But if you wanna leave, take good care,
           C   F
I hope you have a lot of nice things to wear,
         Dm   E   G   G7 G6 G
But then a lot of nice things turn bad out there.

Chorus 1

C   G   F
    Oh, baby, baby, it's a wild world,
G   F   C   G
    It's hard to get by just upon a smile.
C   G   F
    Oh, baby, baby, it's a wild world,
G   F   C   Dm E
    I'll always remember you like a child, girl.

Verse 2

Am   D/F♯   G

You know I've seen a lot of what the world can do

           C   F

And it's breakin' my heart in two

              Dm   E

Because I never wanna see you a sad girl,

              Esus⁴

Don't be a bad girl.

Am   D/F♯   G

  But if you wanna leave, take good care,

                  C   F

I hope you make a lot of nice friends out there,

             Dm   E   G   G⁷ G⁶ G

But just remember there's a lot of bad and beware.

Chorus 2   As Chorus 1

Solo | Am | D/F♯ | G |

                      C   F

La la la la, la la la la la, la

                    Dm   E

La la la la, la la la la la la, la la.

Verse 3

                  Esus⁴

Baby, I love you,

Am   D/F♯   G

  But if you wanna leave, take good care,

                  C   F

I hope you make a lot of nice friends out there,

             Dm   E   G   G⁷ G⁶ G

But just remember there's a lot of bad and beware.

Chorus 3   As Chorus 1

Chorus 4

C   G   F

  Oh, baby, baby, it's a wild world,

G   F   C   G

  And it's hard to get by just upon a smile.

C   G   F   N.C.

  Oh, baby, baby, it's a wild world,

             G   Dm   C

And I'll always remember you like a child, girl.

The Weight

Words & Music by Robbie Robertson

E	D	A	Asus⁴	C♯m	E/G♯	F♯m

Intro | E | D | A Asus⁴ ‖

Verse 1

    A   C♯m
I pulled into Nazareth,

             D   A   Asus⁴
Was feelin' about half past dead.

    A   C♯m
I just need some place

             D   A   Asus⁴
Where I can lay my head.

    A   C♯m
"Hey, mister, can you tell me

             D   A   Asus⁴
Where a man might find a bed?"

    A   C♯m
He just grinned and shook my hand,

 D   A Asus⁴
"No", was all he said.

Chorus 1

    A   E   D
Take a load off Fanny,

    A   E   D
Take a load for free.

    A   E   D
Take a load off Fanny,

                         A E/G♯ F♯m E | D   ‖
And you put the load right on me.

Verse 2

A   C#m
  I picked up my bag,

        D   A   Asus⁴
I went lookin' for a place to hide.

A   C#m
  When I saw Carmen and the Devil

D   A   Asus⁴
Walkin' side by side.

A   C#m
  I said, "Hey, Carmen,

        D   A   Asus⁴
Come on, let's go downtown."

A   C#m
  She said, "I gotta go,

        D   A   Asus⁴
But my friend can stick around."

Chorus 2   As Chorus 1

Verse 3

A   C#m
  Go down, Miss Moses,

        D   A   Asus⁴
There's nothin' you can say.

A   C#m
  It's just ol' Luke,

        D   A   Asus⁴
And Luke's waitin' on the Judgement Day.

A   C#m
  "Well, Luke, my friend,

        D   A   Asus⁴
What about young Anna Lee?"

A   C#m
  He said, "Do me a favour, son,

        D   A   Asus⁴
Won't ya stay an' keep Anna Lee company?"

Chorus 3   As Chorus 1

      A   **C#m**

   Crazy Chester followed me,

         D   **A**   **Asus⁴**

And he caught me in the fog.

      A   **C#m**

   He said, "I will fix your rack,

      D   **A**   **Asus⁴**

If you'll take Jack, my dog."

      A   **C#m**

   I said, "Wait a minute, Chester,

         D   **A**   **Asus⁴**

You know I'm a peaceful man."

      A   **C#m**

   He said, "That's okay, boy,

        D   **A**   **Asus⁴**

Won't you feed him when you can?"

Chorus 4   As Chorus 1

Link 1 | **A E/G# F#m E** | **D**   ‖

      A   **C#m**

Verse 5   Catch a cannon ball now

        D   **A**   **Asus⁴**

To take me down the line.

      A   **C#m**

   My bag is sinkin' low

        D   **A**   **Asus⁴**

And I do believe it's time.

      A   **C#m**

   To get back to Miss Fanny,

        D   **A**   **Asus⁴**

You know she's the only one.

      A   **C#m**

   Who sent me here

        D   **A**   **Asus⁴**

With her regards for everyone.

Chorus 5   As Chorus 1

Outro | **A E/G# F#m E** | **D**   ‖

Woodstock

Words & Music by Joni Mitchell

| Em7 | A7sus4 | Dsus2 | G6 | Em7/B |

Tune guitar down one semitone

Intro

| Em7 | A7sus4 | Em7 *ad lib.* ‖

| Em7 | Em7 | Em7 | Em7 | Em7 ‖

Verse 1

Em7
I came upon a child of God,
A7sus4
He was walking along the road,

And I asked him "Where are you going?"
Em7
And this he told me.

"I'm going on down to Yasgur's farm,
A7sus4
I'm gonna join in a rock and roll band,

I'm gonna camp out on the land,
Em7
And try and get my soul free."

Chorus 1

A7sus4
We are stardust,

We are golden
Em7   Dsus2
And we've got to get ourselves
Em7 A7sus4 Em7
Back in the gar - - - - - - den.

| Em7 | Em7 | Em7 ‖

Verse 2
Em⁷
Then can I walk beside you,

A⁷sus⁴
I have come here to lose the smog,

And I feel to be a cog
Em⁷
In something turning.

Well, maybe it is just the time of year,
A⁷sus⁴
Or maybe it's the time of man,

And I don't know who I am
Em⁷
But you know life is for learning.

Chorus 2
A⁷sus⁴
We are stardust,

We are golden
Em⁷　　　　**Dsus²**
And we've got to get ourselves
Em⁷　**A⁷sus⁴**　**Em⁷**
Back in the gar - - - - - - den.

| **Em⁷** | **Em⁷** | **Em⁷** ‖

Verse 3
Em⁷
By the time we got to Woodstock
A⁷sus⁴
We were half a million strong

And everywhere there was
Em⁷
Song and celebration.

And I dreamed I saw the bombers
A⁷sus⁴
Riding shotgun in the sky

And they were turning into butterflies
Em⁷
Above our nation.

Chorus 3   **A⁷sus⁴**
We are stardust,

Million year old carbon.

We are golden,

Caught in the Devil's bargain

Em⁷   **Dsus²**
And we've got to get ourselves

     A⁷sus⁴ **G⁶ Em⁷** | **Em⁷** ‖
Back to the gar - - - - - - den.

Outro | **Em⁷** | **A⁷sus⁴** | **Em⁷** | **Em⁷** |

‖: **Em⁷** | **Em⁷** | **A⁷sus⁴** | **A⁷sus⁴** :‖
With vocal ad lib.

| **Em⁷/B** | **A⁷sus⁴** | **Em⁷/B** | **A⁷sus⁴** |

| **Em⁷** | **Em⁷** | **Em⁷** | **Em⁷** |

| **Em⁷** | **A⁷sus⁴** | **A⁷sus⁴** | **Em⁷**   ‖

Working Class Hero

Words & Music by John Lennon

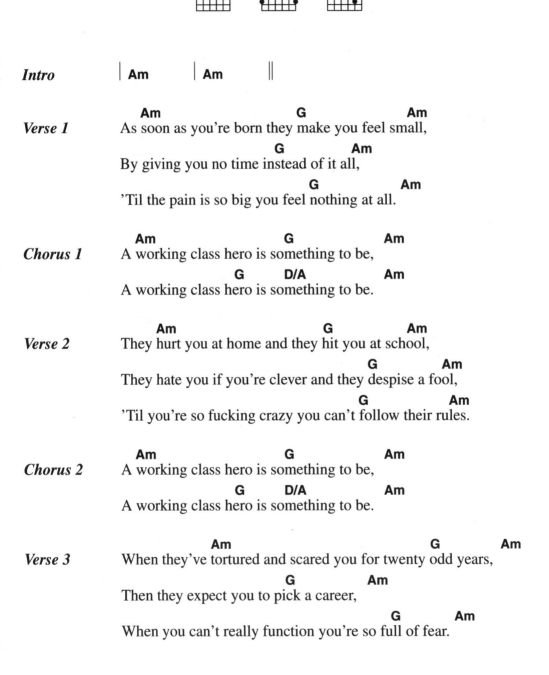

Intro

| Am | Am ||

Verse 1

Am   G   Am
As soon as you're born they make you feel small,

            G   Am
By giving you no time instead of it all,

                 G   Am
'Til the pain is so big you feel nothing at all.

Chorus 1

Am   G   Am
A working class hero is something to be,

        G   D/A   Am
A working class hero is something to be.

Verse 2

     Am   G   Am
They hurt you at home and they hit you at school,

                      G   Am
They hate you if you're clever and they despise a fool,

                 G   Am
'Til you're so fucking crazy you can't follow their rules.

Chorus 2

Am   G   Am
A working class hero is something to be,

        G   D/A   Am
A working class hero is something to be.

Verse 3

       Am   G   Am
When they've tortured and scared you for twenty odd years,

              G   Am
Then they expect you to pick a career,

                   G   Am
When you can't really function you're so full of fear.

Chorus 3
    Am   **G**   **Am**
A working class hero is something to be,
                   G   **D/A**   **Am**
A working class hero is something to be.

Verse 4
         Am   **G**   **Am**
Keep you doped with religion and sex and T. V. ___
                        G   **Am**
And you think you're so clever and classless and free,
                      G   **Am**
But you're still fucking peasants as far as I can see.

Chorus 4
    Am   **G**   **Am**
A working class hero is something to be,
                   G   **D/A**   **Am**
A working class hero is something to be.

Verse 5
         Am   **G**   **Am**
There's room at the top they are telling you still,
                       G   **Am**
But first you must learn how to smile as you kill,
                    G   **Am**
If you want to be like the folks on the hill.

Chorus 5
    Am   **G**   **Am**
A working class hero is something to be,
                   G   **D/A**   **Am**
A working class hero is something to be.

Chorus 6
     Am   **G**   **Am**
If you want to be a hero well just follow me,
                       G   **D/A**   **Am**
If you want to be a hero well just follow me.

You Set The Scene

Words & Music by Arthur Lee

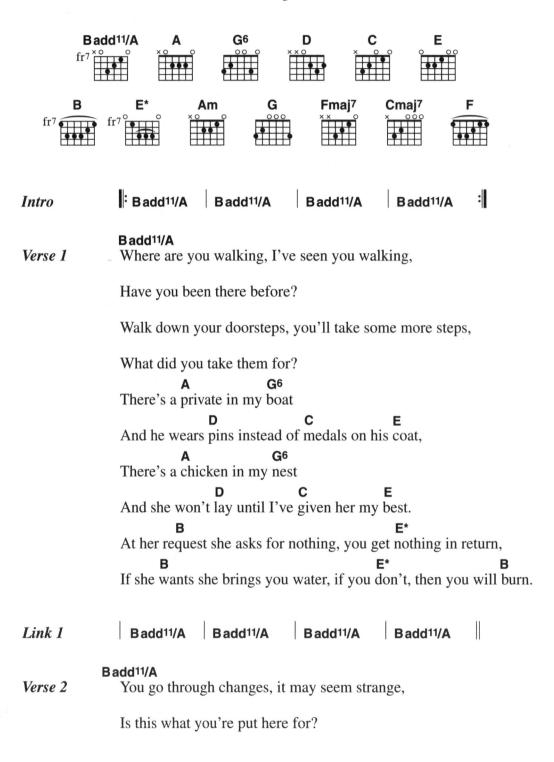

Intro ‖: Badd¹¹/A | Badd¹¹/A | Badd¹¹/A | Badd¹¹/A :‖

Verse 1

Badd¹¹/A
Where are you walking, I've seen you walking,

Have you been there before?

Walk down your doorsteps, you'll take some more steps,

What did you take them for?
       A   **G⁶**
There's a private in my boat
         D   **C**   **E**
And he wears pins instead of medals on his coat,
       A   **G⁶**
There's a chicken in my nest
         D   **C**   **E**
And she won't lay until I've given her my best.
       B   **E***
At her request she asks for nothing, you get nothing in return,
       B   **E***   **B**
If she wants she brings you water, if you don't, then you will burn.

Link 1 | Badd¹¹/A | Badd¹¹/A | Badd¹¹/A | Badd¹¹/A ‖

Verse 2

Badd¹¹/A
You go through changes, it may seem strange,

Is this what you're put here for?

cont.

Badd¹¹/A
You think you're happy and you are happy,

That's what you're happy for.
       A   **G⁶**
There's a man who can't decide if he should
D   **C**   **E**
Fight for what his father thinks is right.
       A   **G⁶**   **D**
There are people wearing frowns who'll screw you up
              C   **E**
But they would rather screw you down.
       B   **E***
At my request I ask for nothing, you get nothing in return,
       B   **E***   **B**
If you're nice you'll bring me water, if you're not, then I will burn.

Bridge 1

‖: **Badd¹¹/A** | **Badd¹¹/A** | **Badd¹¹/A** | **Badd¹¹/A** :‖

| **A** | **G⁶** | **D** | **C** | **E** | **E** |

| **A** | **G⁶** | **D** | **C** | **E** ‖
Slower
| **Drums** | **Am G** | **Fmaj⁷** | **Cmaj⁷** | **E** | **G** | **F Am G** ‖

Verse 3

Fmaj⁷   **Cmaj⁷**
This is the time in life that I am living
      E   **G**
And I'll face each day with a smile,
        D   **G**
For the time that I've been given's such a little while.
        D   **G**
And the things that I must do consist of more than style,
        F   **Am G**
There are places that I am go - ing.

Verse 4

Fmaj⁷   **Cmaj⁷**
This is the only thing that I am sure of
        E   **G**
And that's all that lives is gonna die,
          D   **G**
And there'll always be some people here to wonder why.
         D   **G**
And for every happy hello there will be goodbye,
        F   **Am**   **G**
There'll be time for you to put yourself on.

Link 2 | Fmaj⁷ | Cmaj⁷ | E | G | F Am G ‖

Verse 5
Fmaj⁷   Cmaj⁷
Everything I've seen needs rearranging
          E   G
And for anyone who thinks it's strange
        D   G
Then you should be the first to wanna make this change.
          D   G
And for everyone who thinks that life is just a game,
            F   Am   G
Do you like the part you're play - ing?

Link 3 | Fmaj⁷ | Cmaj⁷ | Fmaj⁷ | Cmaj⁷   ‖

Bridge 2
Fmaj⁷   Cmaj⁷ Em   Am   D   G
  I see your picture, it's in the same old frame, we meet again,

| Fmaj⁷ | Cmaj⁷ | Fmaj⁷ | Cmaj⁷   ‖

Fmaj⁷   Cmaj⁷ Em   Am   D   G
  You look so lovely,   you with the same old smile, stay for a while.
B   Em   C   Fmaj⁷
  I need you so, and if you   take it easy I'm still teething,
D   N.C
  I wanna love you, but oh:

Link 4 | Fmaj⁷ | Cmaj⁷ | Fmaj⁷ | Cmaj⁷ | F Am G ‖

Verse 6
Fmaj⁷   Cmaj⁷
This is the time in life that I am living
          E   G
And I'll face each day with a smile,
          D   G
For the time that I've been given's such a little while.
            D   G
And the things that I must do consist of more than style,
            F   Am   G
There'll be time for you to start all over.

Outro
Fmaj⁷   Cmaj⁷
This is the time and this is the time, and it is
                  E   G
Time time time, time time time time, time time time.

‖: D | G | D | G   :‖   *Play 5 times and fade*

9/03 (48444)